Mercedes Posada Camacho

POLÍTICA DEL MIEDO

El terror como estrategia estatal de dominación

Prologo

Dr. Iván Alfonso Cancino González

Posada Camacho Mercedes Isabel
Política del Miedo / Mercedes Isabel Posada Camacho
1ª Edición. Colombia, 2025
p. 174: 14,24x22,86 cm.

1.Raíces históricas del castigo social 2. La teología del miedo como fundamento del castigo 3. Obediencia y castigo en la sociedad contemporánea 4. Del derecho penal del enemigo al populismo electoral 5. El rol de los sesgos, las emociones y la instrumentalización punitiva 6. Narrativa mediática 7. La oratoria en la "política" 8. La última ratio, no el primer reflejo. 9. Entre la herida y la manipulación 10. Política criminal 11. La cárcel y su función de contención.

Incluye bibliografía

ISBN: 978-628-02-2545-6

mposadacamacho@gmail.com

Diseño de portada: Impulsa publicidad S.A.S

Maquetación: Margioli Rodríguez

A quienes caminaron conmigo en silencio. A las voces que me cuestionaron, porque sin ellos no habría aprendido a afilar la palabra. A quienes creyeron cuando dudar era más fácil, y a quienes, sin saberlo, me obligaron a volverme más rigurosa, más compleja, más honesta.

Aquí está la prueba de que el mundo es más profundo de lo que parece y yo también.

CONTENIDO

PRÓLOGO 9

EXORDIO. «¡CRUCIFÍQUENLO!» 21

INTRODUCCIÓN 25

RAÍCES DEL CASTIGO SOCIAL 27

LA TEOLOGÍA DEL MIEDO COMO FUNDAMENTO DEL CASTIGO 41

OBEDIENCIA Y CASTIGO EN LA SOCIEDAD CONTEMPORÁNEA 53

DEL DERECHO PENAL DEL ENEMIGO AL POPULISMO ELECTORAL 61

EL ROL DE LOS SESGOS, LAS EMOCIONES Y LA INSTRUMENTALIZACIÓN PUNITIVA 77

NARRATIVA MEDIÁTICA 91

LA ORATORIA EN LA "POLÍTICA" 103

EL DERECHO PENAL COMO ÚLTIMA RATIO, NO EL PRIMER REFLEJO 121

ENTRE LA HERIDA Y LA MANIPULACIÓN 133

POLÍTICA CRIMINAL 141

LA CÁRCEL Y SU FUNCIÓN DE CONTENCIÓN................ 151

EPÍLOGO.. 157

BIBLIOGRAFÍA... 159

SOBRE EL AUTOR 171

PRÓLOGO

Presento este libro como una advertencia profesional y un llamado ético. No es un panfleto ni una elegía; es un diagnóstico y una invitación a recuperar la razón pública frente a la instrumentalización punitiva. En un país donde la retórica de la seguridad suele imponerse sobre la garantía de los derechos, la obra de Mercedes Posada Camacho aporta una reflexión necesaria para quienes sostenemos que el Derecho Penal debe proteger la libertad, no devorarla.

He pasado buena parte de mi vida entre leyes, expedientes y palabras que pretenden ser exactas. Aprendí a desconfiar de los adjetivos y a buscar refugio en la norma, como si allí pudiera encontrarse una verdad estable. Con los años, sin embargo, el Derecho Penal me ha enseñado una lección incómoda: no todo lo que es legal es justo, y no todo lo que castiga repara. Este libro me obligó a detenerme. No solo como jurista, sino como ser humano. Porque Política del miedo no habla únicamente de sistemas punitivos, de teorías del castigo o de estrategias estatales; habla, ante todo, de nosotros.

Es preciso comenzar por una distinción que la autora subraya con claridad: existe un miedo íntimo, propio de la condición humana, y existe un miedo que se institucionaliza, se administra y se vende como protección. El primero es una experiencia privada, a veces legítima, que reclama consuelo y comprensión. El segundo es una construcción pública, una técnica de gobierno que transforma la inquietud en política, la inseguridad en norma y la pena en espectáculo.

Cuando el Estado convierte el terror en herramienta de gobierno, las garantías se subordinan a la lógica de la contención. La administración del miedo produce enemigos; la política del miedo fabrica cuerpos sacrificables y legitima exclusiones. Esa administración se disfraza hoy de eficacia técnica y de urgencia moral, pero su efecto es siempre el mismo: erosionar el Estado de derecho. La sospecha racional que propone Posada Camacho es, por tanto, una exigencia mínima para cualquier sociedad que pretenda llamarse democrática.

La autora no escribe desde la comodidad del dogma ni desde la frialdad de las cifras; escribe desde la incomodidad de quien ha mirado de frente las grietas del sistema. Cada capítulo es una invitación a desconfiar de las certezas fáciles, de las respuestas rápidas y de los discursos que prometen orden a cambio de silencio. Esa incomodidad no es un gesto retórico: es un método. Preguntar cuando todos gritan respuestas, dudar cuando la opinión pública exige castigos, sostener la prudencia cuando la tribuna reclama espectáculo: esas son prácticas de responsabilidad cívica.

Detenerse a mirar implica reconocer que detrás de cada pena hay un cuerpo, detrás de cada expediente hay una historia, y detrás de cada discurso de seguridad hay una renuncia silenciosa a la libertad. El derecho penal, cuando se olvida de esa condición humana, se convierte en una maquinaria que reproduce exclusiones y consolida desigualdades. La obra que aquí se presenta nos obliga a recuperar la mirada sobre lo humano como criterio de interpretación y de legitimidad.

El libro reconstruye con rigor los pilares del populismo punitivo. No se trata únicamente de retórica electoral; son prácticas institucionales que transforman al juez en actor reactivo, a la prensa en tribunal y a la prisión en respuesta automática. Cuando el Derecho Penal deja de ser la última ratio y se convierte en el primer reflejo, la desigualdad se naturaliza y el sistema jurídico pierde su propósito protector.

Téngase presente una observación central del texto: el populismo punitivo no necesita demostrar; le basta con invocar una memoria emocional que confirme amenazas, héroes y culpables. Esa memoria construida, repetida y amplificada por discursos políticos, rituales mediáticos y símbolos públicos, actúa como un atajo cognitivo: sustituye la prueba por la sensación, la deliberación por la indignación.

En una sociedad que recuerda con miedo, el

castigo deja de ser una respuesta excepcional y se convierte en algo normal y esperado; la memoria emocional legitima la pena antes de que el proceso judicial siquiera comience.

Esa dinámica explica por qué las políticas punitivas prosperan aun cuando la evidencia demuestra su ineficacia: no compiten con argumentos técnicos, compiten con afectos públicos. Por eso la lucha contra la política del miedo exige no solo reformas legales, sino también una política de la memoria que recupere la complejidad histórica, desactive narrativas simplificadoras y promueva contramemorias que restituyan la dignidad de las víctimas sin instrumentalizarlas.

El populismo punitivo opera mediante tres movimientos complementarios: la dramatización del peligro, la simplificación de las causas y la teatralización del castigo. Primero, se amplifica el temor mediante narrativas que reducen la complejidad social a la figura del enemigo. Segundo, se ocultan las causas estructurales: pobreza, exclusión, falta de oportunidades, detrás de soluciones punitivas que prometen resultados inmediatos. Tercero, se exhibe el castigo como trofeo político: la pena se convierte en símbolo de eficacia y la prisión en escenografía de poder.

Estas prácticas no son inocuas. Transforman la función judicial, presionan decisiones y erosionan garantías procesales. La prensa, en su rol informativo, puede convertirse en amplificador de demandas punitivas; los jueces, sometidos a la opinión pública, pueden ceder a la tentación de resolver con severidad para apaciguar el clamor. El resultado es un sistema que castiga más y piensa menos, que encierra sin reparar y que confunde la visibilidad del castigo con la eficacia de la política criminal.

La reflexión sobre la cárcel es ineludible. En muchos casos la prisión funciona más como mecanismo de contención social que como instrumento de resocialización. Elevar las penas sin políticas integrales es confundir espectáculo con eficacia. La seguridad auténtica se construye con prevención, educación, salud mental y reducción de la exclusión estructural, no con el endurecimiento simbólico del castigo.

La prisión, tal como la conocemos, reproduce las condiciones que dicen combatir. Espacios hacinados, ausencia de programas de reinserción, estigmatización y olvido institucional: todo ello convierte la pena en un castigo que prolonga la marginalidad. La resocialización no es un eslogan; es una política pública compleja que exige inversión, diseño y evaluación.

Pretender que la cárcel por sí sola transforme conductas es una ilusión peligrosa que legitima la repetición del fracaso. Además, la selectividad punitiva agrava la injusticia: las penas más duras recaen sobre quienes menos recursos tienen para defenderse; los delitos de cuello blanco, cuando existen, suelen resolverse con mecanismos que no implican la misma exposición pública ni la misma severidad. Esa asimetría no solo es injusta; es corrosiva para la legitimidad del sistema penal.

Quien ejerce el derecho tiene una doble responsabilidad: criticar las desviaciones y proponer alternativas viables. La crítica sin propuesta es impotente; la propuesta sin crítica es ingenua. Este libro obliga a repensar la función del castigo y a reclamar que la respuesta penal sea proporcional, garantista y verdaderamente subsidiaria.

Proporcionalidad significa que la pena debe guardar relación con el hecho y con la dignidad de la persona. Garantismo implica que las medidas punitivas se adopten respetando las garantías procesales y los derechos fundamentales. Subsidiariedad exige que el Derecho Penal actúe solo cuando otras políticas hayan demostrado ser insuficientes. Estas tres coordenadas deben orientar cualquier reforma seria del sistema penal.

Pero la responsabilidad no es exclusiva de los juristas. Corresponde a los legisladores diseñar marcos normativos que prioricen la prevención; a los operadores judiciales aplicar criterios que no cedan a la presión mediática; a los medios informar con rigor y contexto; y a la sociedad civil exigir políticas públicas que ataquen las causas y no solo los efectos. La defensa de la libertad es una tarea colectiva.

Si estas páginas despiertan incomodidad,

habrán cumplido su propósito. La incomodidad es el primer paso para que la ley recupere su vocación de protección y no de venganza. Leer este libro exige una disposición incómoda: aceptar que la seguridad no es sinónimo automático de severidad, y que la eficacia penal debe medirse por su respeto a la dignidad humana y por su capacidad real de prevención.

La obra de Mercedes Posada Camacho no pretende dictar sentencia; pretende abrir grietas. En esas grietas, a veces, logra entrar la justicia.

Abrir grietas no es destruir el orden; es permitir que la reflexión, la crítica y la propuesta transformen las prácticas que hoy reproducen la exclusión. Es recuperar la pregunta como herramienta política: ¿qué sociedad queremos ser? ¿qué precio estamos dispuestos a pagar por la seguridad? ¿a quiénes estamos dispuestos a sacrificar en nombre del orden?

Al lector le ofrezco una exigencia sencilla y exigente: leer con espíritu crítico, no delegar en el miedo la decisión sobre nuestra convivencia y exigir que la justicia sea siempre medida y humana. La defensa de la libertad no admite complacencias. Quien ejerce el derecho debe ser, además de técnico, un guardián de la dignidad; quien participa en la vida pública debe recordar que la política legítima no se construye sobre la humillación ni sobre la exclusión.

Que la lectura nos encuentre vigilantes y exigentes. Que estas páginas sirvan para recuperar la razón pública y para transformar la incomodidad en acción. Si al cerrar este libro algo ha cambiado en su manera de escuchar los discursos punitivos, entonces el esfuerzo habrá valido la pena.

Iván Alfonso Cancino González

Abogado de la Universidad Externado de Colombia.
Especialista en Ciencias Penales y Criminológicas.
Especialista en Derecho y nuevas tecnologías.
Magister en Ciencias Penales y Criminológicas.

EXORDIO. «¡Crucifíquenlo!»

¡Crucifíquenlo!, gritaba la multitud, deseosos de castigar a quien, en su juicio, era el peor de los delincuentes. Ese insurrecto que habló de amor y misericordia.

Por su parte, Pilatos no estaba realmente preocupado por la inocencia de Jesús; pero, vio en la situación una oportunidad política y alejado de cualquier ideal de justicia, actuó como un gobernante que, ante la presión social y el temor a un conflicto, prefirió salvaguardar su propia posición antes que defender la verdad.

Aquel hombre fue exhibido como trofeo del populismo punitivo que, per se, demanda contrarios para mostrar al gobierno como protector; el castigo reclamaba una crudeza innecesaria para apaciguar el ardor del pueblo, que poco o nada entendía lo que acontecía; pero el terror a lo incierto era aún más voraz, que presenciar una injusticia. Aquel circo macabro fue solo una ficción disfrazada de ley, justificando la violencia para mantener incólume un sistema que, desde adentro, se corroía.

Es claro que la instrumentalización del pueblo para los fines siniestros del poder no es nueva, lo curioso, es cómo al pasar los años esta tendencia ha pretendido mimetizarse en las peroratas políticas con aura de protección y espíritu de "salvación"; coadyuvado por diferentes medios externos que son inversores del miedo institucionalizado.

No obstante, la necesidad de retaliación es inherente al ser humano, y proviene del instinto de conservación; en palabras de Nietzsche "allí donde había sufrimiento debía haber castigo" (Nietzsche F. , 2017), por tanto, es ineludible para el hombre restituir el menoscabo, como mecanismo para depurar su dolor.

Dicho esto, la política no es ajena a este instinto y lo emplea para sacudir masas en pro de sus intereses electorales. Al respecto: "el sentido de toda cultura consiste cabalmente en sacar del animal rapaz "hombre" mediante la crianza, un animal manso y civilizado, un animal doméstico" (Nietzsche F. , 2017).

Nos han ofrecido supersticiones políticas. Nos aseguran que más pena equivale a más orden, que restringir libertades es sinónimo de protección, y que cualquier conducta "desviada" merece una celda; es notable como los estados pavonean con orgullo su carta penal, exhibiéndola como trofeo, como si la severidad del castigo fuese sinónimo de "civilización", como si limpiaran el mundo; ¡pero no limpian nada!, solo encierran lo que les estorba. A los pobres, a los incomodos, aquellos que fueron aplastados por el sistema y detonaron.

Anhelo, desnudar el discurso político que,

bajo el telón de la "protección social", encubre una maquinaria de represión y exclusión. Un sistema que instrumentaliza el castigo penal para legitimar el poder, invisibilizar desigualdades y sacrificar la libertad en nombre del orden.

El hilo conductor de esta obra es conceptual; por ello, los temas se superponen, dialogan y regresan bajo nuevas formas. No existe aquí el anhelo de erigir un credo jurídico; por el contrario, deseo profundamente que cuestiones lo que lees, que fricciones con estas páginas y con los pensadores que he convocado para acompañarme en este camino; incluso, que las rechaces, pero que, por lo menos al final, ya no puedas volver a escuchar el discurso del castigo sin sospechar de él.

Y cuando llegues a la última línea, tal vez te corroa una duda: ¿a cuántos más habrá que encerrar para descubrir que la libertad fue la primera en ser condenada?

INTRODUCCIÓN

La historia del castigo es, en realidad, la historia de la humanidad narrada desde sus zonas más oscuras; allí donde los pueblos han buscado cohesión, siempre ha emergido la violencia organizada como recurso de legitimación. El poder, en sus múltiples formas, ha encontrado en el sufrimiento impuesto un lenguaje universal.

Este libro se inscribe en esa genealogía para desentrañar las lógicas que la sostienen y mostrar cómo, bajo el ropaje de la legalidad y la retórica política, el castigo se ha convertido en un dispositivo de dominación que atraviesa siglos y civilizaciones.

La pregunta que guía estas páginas es: ¿por qué el sufrimiento impuesto por el Estado ha sido aceptado, reclamado e incluso celebrado como expresión legítima de justicia? ¿Qué condiciones simbólicas, emocionales y culturales han permitido que la violencia institucional se disfrace de protección y que la represión se presente como salvación?

La obra se despliega como una arqueología del miedo. Desde las tablillas de Hammurabi hasta las doctrinas positivistas del siglo XIX, desde la crucifixión romana hasta la inquisición medieval, desde el Leviatán hobbesiano hasta el populismo punitivo contemporáneo, el hilo conductor siempre será la instrumentalización del sufrimiento, y la imposición del terror como estrategia de poder.

Desde aquí deberás estar dispuesto a confrontar las ficciones políticas que han convertido el miedo en virtud.

RAÍCES DEL CASTIGO SOCIAL

"A ciento cuarenta y cinco años (1872 – 2017) de que Cesare Lombroso encontrara la "foseta occipital media". Su teoría sigue siendo un tatuaje trágico del poder"

(Encinoza, 2025)

Mucho antes de que el populismo punitivo tomara forma en los discursos contemporáneos, el castigo ya era una poderosa forma de exclusión. En Babilonia, hacia 1750 a.C, nace el Código de Hammurabi que se convertiría en el germen arcaico de las leyes reactivas por clamor social. Y en la cumbre de este origen brutal, aparece una de las fórmulas más primitivas y persistentes de la violencia legal. El principio de la retribución exacta, que no es más que abstraer el acto de su contexto social, económico y psicológico; tendiente a invisibilizar las condiciones mínimas que atraviesan el delito y a convertir la pena en un ejercicio de poder más que de justicia.

En otras palabras, no había lugar para la compasión, ni para la intención; el daño debe pagarse con el mismo daño "ojo por ojo", "diente por diente", en el marco de la llamada "ley del talión". (Alzate, 2013)

En la Grecia antigua, el castigo tuvo una dimensión profundamente política. No se limitaba a sancionar una conducta individual, sino que operaba como un mecanismo de regulación del disenso.

Castigar significaba, ante todo, excluir al individuo del espacio donde la palabra tenía valor; despojarlo del derecho a participar en la polis (ciudad), que no era solo un territorio, sino el núcleo mismo de la vida cívica y de la identidad del ciudadano.

Ahora bien, las formas de castigo fueron

diversas y respondieron a esta lógica de control del orden político y simbólico. Entre ellas, el ostracismo ocupa un lugar central. Históricamente, el término proviene de la Atenas clásica, donde el ostracismo funcionó como un mecanismo político formal. A través de una votación popular, los ciudadanos podían decidir el destierro por diez años de aquel a quien consideraran una amenaza para la estabilidad de la polis (ciudad), aun cuando no hubiera cometido un delito en sentido estricto.

Observemos la figura de Sócrates, pensador y hombre íntegro, cuya vida estuvo consagrada al diálogo con sus iguales; quien no se limitaba a filosofar en abstracto, sino que descomponía las opiniones de otros hombres con un propósito profundamente crítico, orientado a la libertad del pensamiento.

Precisamente por ello, su presencia resultó intolerable para la Atenas de su tiempo. La condena impuesta por los atenienses no respondió a una transgresión penal concreta, sino al temor que generaba una voz capaz de revelar las fisuras del consenso democrático; castigar a Sócrates fue, en última instancia, un intento de silenciar el ejercicio mismo del pensamiento crítico. (National Geographic, 2023)

En Roma, el esclavo podía ser crucificado, el traidor ejecutado y el enemigo desmembrado públicamente; pero lo insoportable no era la violencia en sí misma, sino la matemática cruel con la que se aplicaba. En Roma, el castigo no caía como un rayo imparcial; al ciudadano se le ofrecía el derecho a apelar su sentencia; al esclavo, en cambio, el látigo y el silencio. (Historia, 2025).

En el derecho romano arcaico existía una figura jurídica enigmática; el Homo sacer, que, según Giorgio Agamben, se trataba de un individuo que, habiendo sido excluido del orden jurídico por decisión del poder soberano, podía ser asesinado por cualquiera, sin que ello se considerara homicidio.[1] (Agamben, 1998)

Dicho de forma sencilla y para no perderme en tecnicismos; el homo sacer era alguien a quien la ley había decidido "dejar solo". No se trataba de una condena en el sentido clásico, era retirarle a una persona la protección jurídica.

Para el lector contemporáneo, esto puede parecer una figura puramente histórica, sin embargo, su importancia radica en que revela una lógica fundamental del castigo; el poder no siempre sanciona castigando, a veces castiga retirando la pertenencia.

El gladiador por su parte, al igual que el homo sacer, habitaba una zona de excepción. Lejos de ser un simple espectáculo, la

---

1 Agamben, G. (1998). Homo Sacer - El poder soberano y la nula vida. (p.18). Valencia: Pre-Textos. *"a quien cualquiera puede dar muerte pero que es a la vez insacrificable del homo sacer"*

gladiatura fue un dispositivo punitivo complejo, donde se articulaban violencia, exclusión, pedagogía del miedo y legitimación del poder político. El castigo se ejercía a plena luz, ante la mirada colectiva y el sufrimiento se convertía en espectáculo.

Muchos gladiadores provenían de los márgenes del orden jurídico; esclavos, prisioneros de guerra, criminales condenados (damnati ad gladium) o sujetos sin estatus de ciudadano. El cuerpo del gladiador dejaba de pertenecerle y se transformaba en una "cosa" administrada por el Estado o por el lanista.[2] En términos criminológicos, cuando el castigo convierte a una persona en algo que ya no se reconoce como humano, la sociedad empieza a verla como una "cosa"; y a una

---

[2] Tesauro Historia y Mitología, s. f. Lanista. Recuperado de https://www.tesaurohistoriaymitologia.com/es/54983-lanista. *"Nombre del empresario romano que reunía y entrenaba a un grupo de luchadores para la arena, que además, traficaba y especulaba con ellos"*

cosa, como sabemos, se le puede usar, maltratar o destruir sin que genere el mismo escrúpulo que provoca dañar a otro ser humano. La deshumanización es, entonces, la condición que hace aceptable la violencia organizada.

En una sociedad profundamente estratificada, la arena del coliseo Romano ofrecía un espacio donde la violencia sistémica se descargaba simbólicamente sobre cuerpos previamente marcados como sacrificables. Paradójicamente, algunos gladiadores alcanzaron fama y admiración popular; sin embargo, esta aparente glorificación no anulaba el hecho de que seguían siendo instrumentos del castigo. Muchos otros, conscientes de la brutalidad que los esperaba, preferían el suicidio antes que pisar la arena, eligiendo la muerte como única vía para preservar algo de dignidad. (Ramírez, 2024)

En este sentido, la gladiatura revela una

concepción del castigo que antecede a la prisión moderna, pero anticipa muchos de sus rasgos fundamentales, como la gestión del cuerpo, la visibilidad del sufrimiento y la producción de obediencia.

Esta lógica de exclusión absoluta no quedó confinada al derecho romano arcaico; por el contrario, se proyectó en distintas formas de castigo social que hicieron del cuerpo excluido un soporte del poder.

Llegados a este punto, resulta imposible avanzar sin rozar la Edad Media; el momento en que el castigo dejó de limitarse al cuerpo y se infiltró definitivamente en la conciencia; no obstante, esta etapa no puede ser tratada de forma ligera. La Edad Media exige un capítulo propio, sin eufemismos. Su sistema punitivo fue extenso, meticuloso y profundamente invasivo, y estuvo íntimamente entrelazado con el poder religioso.

Aquí solo dejo una advertencia al lector;

porque cuando ese apartado llegue, tocará temas sensibles, incómodos y aún hoy difíciles de nombrar.

Ahora bien, con la caída del orden teológico medieval no se produce una humanización del castigo, sino una reorganización de su discurso legitimante, de la que hablaremos posteriormente.

Siguiendo esta línea, nos encontramos con Cesare Lombroso; y a través de él vemos cómo este psiquiatra italiano no buscó comprender el crimen, sino detectar al criminal en el cuerpo mismo, convirtiendo la delincuencia en una condición genética. Y en lugar de interrogar las causas sociales de la violencia, abrió el cráneo de Giuseppe Villella y, en su anomalía ósea, creyó descubrir la esencia de su mal. Su obra instauró una nueva forma de exclusión; la del "criminal nato", irredimible. No solo observó cuerpos; fabricó enemigos. Fue el alquimista de una nueva cruzada, situada entre el castigo teológico y el higienismo penal, dictada por una ciencia que él creyó infalible.

En nombre del progreso, se naturalizó la condena como destino biológico. El pobre, el racializado, el que no encajaba en la geometría del hombre civilizado; no era entonces un ciudadano en conflicto con la ley, sino una amenaza genética que debía ser encerrada o extinguida. (Lombroso, 1902)

Posteriormente aparece Enrico Ferri, quien quiso ir más allá del hueso y del músculo, y propuso una visión científica y multifactorial del delito; entendido como el resultado de condiciones sociales, físicas y biológicas que moldeaban la conducta humana. El sistema penal, entonces, no debía actuar por culpa, sino como instrumento de defensa social. Ferri puso el acento en la peligrosidad del delincuente, y no en su intención, inaugurando una lógica jurídica funcionalista; en la que la pena debía servir para proteger, no para moralizar. (Biografías,

2025) En su modelo, el juez se transforma en técnico del riesgo y la justicia en estrategia de neutralización preventiva.

Y entonces llegó Rafael Garofalo, el más letal de los tres. Porque si Lombroso fue el anatomista y Ferri el sociólogo del castigo; Garofalo fue un moralista sin piedad. El criminal no era un sujeto desviado, sino una falla en la arquitectura moral de la humanidad. Su propuesta era brutal; para los irrecuperables, la muerte; para los deformes morales, el aislamiento; para los medianamente peligrosos, trabajos de reparación. Fue así como nació la "ley de adaptación", cimentada en la idea de que el Estado debía operar el cuerpo enfermo de la sociedad y extirpar las células que no pudieran adaptarse al tejido civilizado. (Lifeder, 2022)

Estos autores pertenecientes a la escuela positivista italiana sentaron las bases para un derecho penal clasista y racista, que fue el caldo de cultivo para regímenes autoritarios fascistas en Europa, y las dictaduras, para arrasar con lo que ellos consideraban indeseables (Ilison Dias, 2019)

Por su parte, Franz Von Liszt llevó el castigo a su máxima abstracción. En su visión, el delito no era una forma de degeneración, ni producto del entorno ni transgresión moral; era simplemente una contradicción entre un hecho y una norma penal. En este modelo causalista-naturalista, el delincuente ya no era un ser peligroso ni inmoral; era un error sistémico que debía neutralizarse.

Con lo anterior se evidencia que, desde las tablillas de Hammurabi hasta las teorías positivistas del siglo XIX, el castigo ha mutado de forma, pero no de función. Cada época, cada autor, cada doctrina lo reconfiguró, pero jamás lo desarmó; la piedra angular fue siempre la misma, excluir al otro para sostener el orden.

Todo lo anterior, no solo fue arqueología

jurídica, es una advertencia; porque las ideas que sustentaron estas formas de castigar se transformaron. Entenderlo va más allá de un ejercicio teórico; porque quien no comprende de dónde viene el castigo no puede reconocer cuándo se convierte en populismo.

LA TEOLOGÍA DEL MIEDO COMO FUNDAMENTO DEL CASTIGO

El miedo fue el primer Dios
que aprendimos a obedecer.

En la teología antigua, el sufrimiento no requería justificación humana, porque su origen era sagrado; si dolía, era porque debía doler y si mataba, era porque enseñaba. Esta lógica se cristaliza con la noción del "pecado original", con la transgresión de Adán y Eva, que fue a mi parecer el acto fundacional de una criminalidad espiritual; al quebrantar el mandato divino, el castigo se materializó en expulsión, dolor, trabajo forzado y muerte; y ello se tatuaría en la condición humana entera. Se dejó la puerta abierta para que entrara el pecado en la historia y a su lado la culpa colectiva y la noción de que el sufrimiento tendría que estar latente por los siglos de los siglos.

Y entonces, la teología del miedo que antecede al derecho penal se revela como la raíz profunda de nuestro sistema punitivo; de ella se nutrió para, posteriormente, legitimarse.

En la epístola a los Romanos 13: 1 -3, San Pablo instituye una arquitectura del poder; el Estado no aparece allí como una anomalía histórica ni como una imposición violenta, sino como una consecuencia directa de la naturaleza humana tal como fue concebida.

Al crear al ser humano como un ser social, Dios inscribe en su esencia la necesidad de organización, jerarquía y gobierno; desde esta lógica, los cargos públicos no son meros puestos administrativos, sino funciones delegadas; investidas de una legitimidad que trasciende la voluntad individual. (Romanos, 1972) Y el castigo adquiere una dignidad teológica, donde el Estado se convierte en ejecutor del orden moral y el sistema judicial en su brazo visible. Ya es posible advertir una tipificación de la conducta, como la rebeldía, entendida no solo como una falta jurídica, sino también espiritual. Esta concepción marcará profundamente la historia occidental. Durante siglos, el poder de juzgar y sancionar se entenderá como una prolongación del orden divino. (Haring, 1965)

Vemos cómo la Sagrada Escritura no elude el problema del castigo extremo, sino que lo enfrenta desde sus primeras páginas. En el Génesis 9: 6, cuando la humanidad apenas comienza a organizarse tras el diluvio, aparece una afirmación fundacional; "quien derrame sangre del hombre, su sangre será también derramada por el hombre, porque Dios creó al hombre a imagen suya". (Genesis, 1972)

Nuevamente se materializa el concepto de

justicia retributiva; la vida humana es sagrada precisamente porque refleja la imagen de Dios, y es esa sacralidad la que vuelve intolerable su destrucción. Así, quien comete homicidio fractura el tejido moral de la comunidad y, por ende, hace exigible una respuesta proporcional; es allí cuando aparece la pena de muerte como vía para el restablecimiento del orden quebrantado.

El libro de los Números, capítulo 35: 16-18, desarrolla esta lógica con una precisión que, para su época, resulta impactante por su claridad. El homicida es identificado, tipificado y juzgado. No importa el instrumento con el que hubiere cometido el crimen ni la modalidad concreta del acto; si hay intención y resultado mortal, hay asesinato, y el asesino debe morir. (Numeros, 1972) Particularmente reveladora es la figura del vengador de la sangre. El texto es insistente; "el vengador de la sangre dará muerte al asesino en cuanto lo encuentre".

(Números 35: 19) Y la vida no tiene precio: "No aceptarán rescate por un asesino, pues debe morir" (Números 35: 31)

Adicionalmente, las Sagradas Escrituras establecen la exigencia de la concurrencia de múltiples testimonios para imponer la pena de muerte; ello introduce, de manera temprana, un principio que, desde una lectura contemporánea, puede identificarse como "garantista" y próximo a la noción de lo que hoy se conoce como "debido proceso". Resulta particularmente significativo que, incluso en un contexto normativo de fuerte carga religiosa, se advierta una preocupación incipiente por la prueba, el testimonio y la necesidad de evitar la arbitrariedad en la imposición de la sanción más extrema. (Números 35:30)

Toda esta tradición sigue su prolongación en el Nuevo Testamento. En Romanos 13:4, San Pablo reafirma la misión punitiva de la autoridad; "no tienen las armas sin razón". La expresión no es metafórica, el poder coercitivo del Estado es presentado como un encargo recibido de Dios para proteger el bien y reprimir el mal. La tradición cristiana, durante siglos, no negó esta potestad. La pena de muerte fue entendida como un recurso extremo, legítimo en tanto expresión de la justicia y defensa del orden común, así, la pena capital se inserta en una lógica teológica donde el Estado es custodio del orden moral y la justicia penal quedó empotrada en una concepción objetiva del bien y del mal.

Con la Edad Media, el miedo abandonó su estado primitivo y alcanzó su madurez política; aquello que en el Antiguo Testamento operaba como castigo divino excepcional se convirtió ahora en orden permanente.

La doctrina del infierno refuerza esta lógica con una pedagogía de fuego y representa uno de los pilares más contundentes y aterradores del castigo teológico. El infierno es un lugar físico y el mero hecho de desobedecer a Dios en algo sencillo condena a la persona, así como la condena el más vil pecado. (Primitivo, s.f.)

En el caso de la Edad Media, este gesto adquirió una dimensión imperial, debido a que, los papas excomulgaban reyes y, con ello, no solo los despojaban de su autoridad religiosa, sino también de su legitimidad social. Era entonces, un poder más temido que las armas.

Adicional a ello el derecho penal medieval consideró que la tortura no era una desviación, sino un procedimiento y la Inquisición, madre de todas las policías del alma, institucionalizó la idea de que aquello que no podía ser domesticado con fe debía ser doblegado con miedo, y que la herejía constituía una amenaza directa al orden celestial.

En Europa nace el Malleus Maleficarum. Publicado en 1487 por los inquisidores Heinrich Kramer y Jakob Sprenger, fue el manual operativo de una justicia ritualizada. El texto codificó la forma de identificar, interrogar y castigar a las supuestas brujas, instituyendo un modelo procesal perverso. El proceso se invertía deliberadamente. No era el poder quien debía probar, sino el acusado quien debía demostrar su inocencia ante un tribunal que ya había decidido su destino.

Redactado a finales del siglo XV, el tratado emerge en un continente que atravesaba un proceso simultáneo de transformación y descomposición. El orden feudal se resquebrajaba, las ciudades crecían sin control, las rutas comerciales reconfiguraban el poder económico y la autoridad eclesiástica enfrentaba una crisis de legitimidad profunda. La peste había dejado una huella imborrable en la conciencia colectiva, las guerras fragmentaban territorios y la miseria convertía la supervivencia en una experiencia cotidiana. Concomitantemente, la invención de la imprenta permitió una circulación inédita del discurso del poder.

En ese escenario de incertidumbre proliferaron las creencias en las ciencias oscuras, la hechicería y la acción directa del demonio en el mundo terrenal; donde, la Inquisición, concebida inicialmente como herramienta para la herejía empieza desdibujarse hasta transformarse en un aparato sistemático de persecución, dirigido principalmente contra mujeres y prácticas populares que escapaban al control institucional. El viejo relato del enfrentamiento entre el bien y el mal se reactivaba, esta vez con efectos jurídicos letales. (Heinrich Kramer, 2025)

La figura de la bruja fue desplazada al mismo plano que el delincuente. Así, se consolidó un modelo punitivo que, para su tiempo, podía presentarse como debido proceso, pero que en realidad legitimaba la violencia bajo el ropaje de la legalidad.

Nada de esto puede analizarse de manera aislada. Cuando se observa el contexto histórico, se comprende que aquel tratado funcionó como un dispositivo de control social, reafirmando la autoridad de un poder en crisis mediante la producción constante de enemigos. En esa arquitectura del miedo ya se anunciaba una lógica que reaparecería siglos después, con otros nombres y otros lenguajes; la del derecho penal del enemigo.

No es casual que este esquema se repita, porque en una sociedad que aprende a obedecer durante demasiado tiempo, termina por naturalizar la violencia que la gobierna. Cobra entonces pleno sentido lo afirmado por Nietzsche cuando advierte "Lo esencial en el cielo y en la tierra es, según parece, repitámoslo, el obedecer durante mucho tiempo y en una única dirección" (Nietzsche F. , 2012)

Eugenio Raúl Zaffaroni, uno de los juristas más lúcidos de nuestra época, retoma esa herencia sin disfraces y señala que "El trato que se da al ser humano como cosa peligrosa que amenaza su seguridad o certeza acerca del futuro termina degenerándose en la despersonalización de toda la sociedad" (Zaffaroni, 2006). Desde esta perspectiva, el populismo punitivo aparece como la reedición de antiguas liturgias morales, y lo que hoy se califica como mano dura no es más que la versión secular del castigo divino, y opera como una forma sofisticada de violencia institucional que reactualiza los viejos esquemas inquisitoriales.

OBEDIENCIA Y CASTIGO EN LA SOCIEDAD CONTEMPORÁNEA

A la obediencia le basta con hombres que renuncien a pensar.

Con la irrupción del pensamiento moderno, el castigo dejo de estar justificado exclusivamente por razones teológicas y comenzó a fundamentarse en una lógica política de preservación del orden.

Thomas Hobbes en su obra "El Leviatán" indica que los individuos movidos por el temor a una muerte violenta y a la anarquía de la guerra de todos contra todos, ceden su libertad a un soberano absoluto que garantice la paz a través del control. (Hobbes, 2018) Esta obra aún sigue siendo muy polémica, porque consideraba que ningún humano era puro en su comportamiento, lo cual se resume en: "Homo homini lups", el hombre es un lobo para el hombre. Aunque esta cita no le corresponde a él sino al dramaturgo latino Plauto (254 – 184 a.C), sin embargo, por siglos esta frase se ha asociado a su visión de la naturaleza humana.

En el estado de naturaleza hobbesiano hay individuos aislados, formalmente iguales en su capacidad de dañar y en su vulnerabilidad frente a la violencia ajena; y se convierte cada sujeto en una amenaza potencial. Este dato es crucial para comprender el lugar del castigo en Hobbes, porque es el miedo a la muerte violenta lo que impulsa a los individuos a pactar; y por ello, el contrato social no es un acto de virtud, sino de supervivencia.

Desde esta concepción, emerge el soberano como una figura artificial, construida a partir de la renuncia colectiva y convirtiéndose en el depositario del poder de coerción y midiendo su capacidad en los resultados que obtenga para mantener la paz. Nos avoca la idea de lo que hoy denominamos prevención general, que significa que el delincuente más allá de ser castigado por lo que hizo, se instrumentalice como ejemplo para los demás, entonces el sufrimiento se convierte en un mensaje político.

Desde aquí Hobbes abandona por completo la idea de la proporcionalidad en sentido ético, y empezaría a operar la proporcionalidad funcional en la medida que el castigo se considera necesario para garantizar la obediencia general; esto inaugura una tradición que aún hoy atraviesa la modernidad penal, y es que la "seguridad colectiva justifica la expansión del poder punitivo", anulando el juicio individual y la valoración critica

Es precisamente esta renuncia al juicio lo que Hannah Arendt identifica como uno de los mayores peligros de la modernidad, en su libro Eichmann en Jerusalén publicado en 1963, Arendt constituye una de las críticas más profundas a esta lógica; Eichmann fue un funcionario meticuloso del engranaje nazi, un burócrata del exterminio que administró con eficiencia la identificación, control y deportación de millones de judíos hacia los campos de aniquilación. Tras la caída del Tercer Reich, se ocultó bajo un nombre falso en Argentina, hasta ser capturado y llevado a Israel para responder ante la justicia. Arendt, judía, exiliada, perseguida y expulsada de su país, decide asistir al juicio y su reflexión desarma la lógica tranquilizadora del mal excepcional y nos revela que el crimen más radical puede ejecutarse desde la obediencia, la normalidad y la ausencia de pensamiento. (Arendt, Eichmann en Jerusalén: Un estudio sobre la banalidad del mal, 2003)

Adolf Eichmann no actuó por odio ni siquiera por convicción ideológica profunda, actuó porque era su trabajo y porque obedecía la ley vigente, en su juicio se podía observar que nunca pregunto por el sentido o repercusiones de sus actos, simplemente actuaba en modo piloto automático.

Es en ese punto donde Arendt advierte que el totalitarismo no irrumpe obligatoriamente mediante estallidos inmediatos de violencia, sino que se gesta mucho antes, cuando se anula la capacidad de juzgar y se forman sujetos mansos, entrenados para obedecer sin pensar.

Tras la publicación de su obra, Arendt se le culpó de justificar a los verdugos, de sembrar sospechas sobre la inocencia de las víctimas y, peor aún, de suavizar la responsabilidad del nazismo. Sin embargo, tales reproches distorsionaban radicalmente el núcleo de su pensamiento, Arendt nunca sostuvo que Eichmann fuera inocente, ni que su conducta careciera de preeminencia penal, lo que su análisis pone en crisis es la forma tradicional en que entendemos la responsabilidad. Eichmann actuó desde una subordinación acrítica, una incapacidad radical de pensar desde la empatía.

Muchas veces creemos erradamente que los "malhechores" eligen libremente entre el bien y el mal, decidiéndose por este último; y que la culpabilidad presupone conciencia, voluntad y la posibilidad real de actuar de otro modo. Pero ¿qué ocurre cuando el orden jurídico, político y social está estructurado para anular esa posibilidad? ¿Qué sucede cuando obedecer deja de ser una opción y se transforma en virtud, y pensar se convierte en una amenaza?

Reconocer "la banalidad del mal" que en su momento escribió Arendt, no exime de responsabilidad, pero obliga a que repensemos cómo imputamos culpa cuando el crimen se vuelve regla, como actuamos ante un sujeto plenamente autónomo que actúa en un vacío moral. ¿no podríamos hablar entonces de que se justificaba su actuar por estar en estricto cumplimiento de un deber legal?

He allí la importancia de traer a colación esta obra magistral, porque es imperioso interrogar las condiciones que hicieron posible que individuos ordinarios participaran en crímenes atroces sin experimentar conflicto interno, y esto en ningún punto implicaría relativizar la responsabilidad individual ni diluirla, significa, más bien, asumir que la responsabilidad penal no se agota en la sanción del individuo aislado, sino que debe dialogar con la responsabilidad colectiva, institucional y política. El juicio de Eichmann fue necesario, pero insuficiente para comprender el fenómeno que se representa aun el día de hoy.

DEL DERECHO PENAL DEL ENEMIGO AL POPULISMO ELECTORAL

"Quien se aferre a la creencia de la eficacia de la sanción penal como correctivo, correrá la misma suerte de los navegantes perdidos en un mar de opiniones falsas"
(Encinoza, 2025)

Hoy vemos cómo el sistema penal, entendiéndolo como ese engranaje oxidado que "promete justicia", ha mutado; lo que pretendía ser una poderosa máquina de protección de derechos es hoy un artefacto de guerra contra el diferente.

El derecho penal clásico, cimentado en los principios de legalidad, culpabilidad y proporcionalidad de la pena, busca la reinserción del delincuente y limita la intervención del Estado. Es así como pensadores como Cesare Beccaria consideran que el delincuente no es un ser que deba ser excluido; porque aun habiendo infringido la ley, su sangre sigue corriendo por las arterias del contrato social. (Beccaria, 2016)

Beccaria percibió el castigo como una necesidad funcional y enfatizó que el sistema penal no es una herramienta del terror, sino un mecanismo que debe auto percibirse como limitado y, sobre todo, racional; cuyo propósito es prevenir el crimen, no destruir al delincuente. (Beccaria, 2016)

En esos términos, la pena no puede ser excesiva; cuando trasciende sus límites, se transforma en sadismo institucional. Por ello deben condenarse la tortura, la prisión inhumana y la pena de muerte; porque incluso el más vil culpable conserva dignidad.

Ahora bien, el paso del derecho penal clásico al derecho penal del enemigo no constituye una evolución; es un descenso a los infiernos de la deshumanización. Basta rememorar las palabras de Beccaria para incendiar la conciencia:

> "Y aun los gemidos de los infelices, sacrificados a la cruel ignorancia y a la insensible indolencia; los bárbaros tormentos, con pródiga e inútil severidad multiplicados por delitos no probados o quiméricos; la suciedad y los horrores de una prisión, aumentados por el más cruel verdugo de los miserables, que es la incertidumbre de su suerte, debieran mover a aquella clase de magistrados que guía las opiniones de los entendimientos humanos". (Beccaria, 2016)

Pero lejos de conmoverse, los anestesia.

Fue Jakobs quien habló sin vergüenza del derecho penal del enemigo; una teoría que, en términos generales, sostiene que quien rompe el pacto social no debe ser tratado como persona. En palabras del propio Jakobs; "quien no garantiza mínimamente el comportamiento de persona, no puede reclamar ser tratado como persona". (Jakobs, 2003) Esta frase lapida el garantismo penal; porque bajo esa premisa la condición humana queda condicionada; ya no basta con nacer; ahora hay que merecer los derechos. Nos enfrentamos así a un derecho que apunta, dispara y llama a eso prevención.

Es allí donde el derecho penal del enemigo se justifica; "es un derecho penal de seguridad, no de libertad". (Jakobs, 2003), lo anterior lleva implícito que su único objetivo es eliminar los riesgos y mantener el "control". El enemigo, entonces, es precriminal y prehumano. Sucumbir ante estas ideas implica despojarnos de lo humano en lo jurídico; aceptar que los derechos no son inherentes, sino galardones reservados a los obedientes.

Sin embargo, el castigo penal no se sostiene únicamente sobre el miedo ni sobre la pulsión vengativa, a lo largo de la modernidad ha sabido revestirse de argumentos sofisticados que pretenden dotarlo de legitimidad. Desde el retribucionismo clásico con Kant, la pena no es un medio sino un fin en sí mismo, en esta lógica, no castigar al culpable sería una forma de negarle su condición de sujeto moral responsable.

En una línea cercana, la prevención general positiva representada, entre otros, por Roxin concibe el castigo como un instrumento para reforzar la confianza social en el derecho. Estas teorías no son burdas, sino que constituyen, sin duda, los intentos más refinados del pensamiento jurídico por justificar el ejercicio del poder punitivo. Sin embargo, incluso aceptando sus premisas, el castigo enfrenta un límite que ninguna de ellas logra resolver, la dependencia de sujetos que renuncian a la sensatez. Porque necesita obligatoriamente sujetos que acepten sin cuestionar que el sufrimiento impuesto es justo; el funcionalismo requiere individuos que interioricen la norma como valor absoluto; la prevención positiva necesita ciudadanos que confíen en el derecho incluso cuando este hiere. En todos los casos, el pensamiento crítico se vuelve un obstáculo.

En este punto, pretender hablar de populismo punitivo sin inmiscuirse en la sociología del castigo no es solo una omisión teórica, sino una forma de obcecación funcional; implicaría abordar los síntomas ignorando la enfermedad.

En ese orden de ideas, el castigo se revela como una representación directa del orden moral de la sociedad. Así lo abordó uno de los padres de la sociología, Émile Durkheim, al afirmar que "un acto es criminal cuando ofende a los estados fuertes y definidos de la conciencia colectiva". (Durkheim, 1982) Buscando, entonces, un concepto moral del delito que se aparta de la visión estrictamente legalista, se comprende que el delito no es una cualidad intrínseca del acto, sino una construcción social. Y lo que escandaliza no es la transgresión en sí misma, sino el atentado simbólico contra los principios que sostienen el orden social. Esta perspectiva deja claro que, tal como evolucionan la sociedad, el contexto o la cultura, también evoluciona el contenido de lo criminal. De allí que los crímenes más graves no se midan por su impacto fáctico, sino por la profundidad con la que hieren el sentimiento moral compartido; para Durkheim, el castigo busca restablecer ese daño.

Esta idea encuentra resonancia en la obra de David Garland, quien expande la sociología del castigo en las sociedades modernas; lo concibe no solo como un acto racional, sino como un fenómeno profundamente político, cultural y, sobre todo, emocional. Un mecanismo que busca moldear percepciones y sostener los sistemas de poder. Enfatiza cómo, en la actualidad, esta dinámica se exacerba a través de los medios de comunicación y la instrumentalización política del miedo. (Garland, 1999)

Esta visión del castigo, propuesta por Garland, nos permite entender por qué prácticas punitivas extremas, como la cadena perpetua y la pena de muerte, persisten a pesar de su inutilidad. En lugar de estar cimentadas en criterios racionales, estas decisiones buscan satisfacer demandas de venganza y control.

Esta lógica se refleja de forma alarmante en Estados Unidos; un país donde, pese a contar con un sistema penal severo, persisten elevados índices de violencia. Según informes del Children's Bureau, esta contradicción expone con crudeza los límites de un modelo punitivo que castiga mucho, pero previene poco. (U.S. Department of Health & Human Services, 2023) En el año 2022 se registraron 558.899 casos de abuso o negligencia infantil en Estados Unidos. La misma entidad señala que, en ese mismo año, murieron 1.990 niños como consecuencia del maltrato; lo que representa una tasa de 2,73 muertes por cada 100.000 niños. (U.S. Department of Health & Human Services, 2023).

A esto se suma un fenómeno aún más inquietante: Estados Unidos es el país con más asesinos en serie del mundo, siendo California quien encabeza la lista con más de 120 asesinos en serie documentados. (CuriosMag, 2024), si esto lo contrarrestamos con las estadísticas del Centro de Información sobre la Pena de Muerte encontramos que en Estados Unidos 27 estados contemplan la pena de muerte, entre ellos el estado de California. (Center, 2025) Para Zaffaroni este tipo de políticas punitivas no solo son ineficaces, sino también son selectivas, simbólicas y profundamente ideológicas, dirigidas a calmar la ansiedad social más que resolver el conflicto.

Contrario sensu, en Noruega se encuentra la prisión de Bastoy, donde no hay rejas visibles, no hay hacinamiento, no hay violencia institucionalizada como método. Los internos trabajan, estudian, habitan pequeñas casas, se desplazan sin vigilancia armada. El control no se ejerce mediante el miedo explícito, sino mediante la internalización de la norma. El preso aprende a gestionarse a sí mismo y la disciplina se vuelve más sutil y eficaz.

Pero este modelo no funciona como rueda suelta, sino que opera en una sociedad con baja desigualdad, con un Estado fuerte y con un sistema penal selectivo mucho menos brutal que el latinoamericano.

Gerhard Ploeg, asesor principal del Ministerio de Justicia de Noruega, dijo "cuanto más gradual es el tránsito del encarcelamiento a la libertad, mayores son las posibilidades de evitar la reincidencia", entonces los resultados del modelo noruego refuerzan esa premisa; registran una de las tasas de reincidencia más bajas de Escandinavia: dos años después de recuperar la libertad, solo el 20 % de las personas excarceladas han vuelto a ser condenadas. Se trata de una consecuencia lógica de un sistema que entiende que el castigo absoluto rompe vínculos, mientras que la reintegración progresiva los reconstruye. (Romero, 2021)

Sin embargo, Nils Christie fue claro al advertir que el encarcelamiento siempre produce sufrimiento, incluso cuando se ejecuta bajo las mejores condiciones materiales.

Esta afirmación no es un matiz menor, sino el punto de partida de una crítica más profunda; sus ideas ofrecen razones de peso para formular una crítica frontal al uso del castigo penal como mecanismo institucionalizado de reacción frente a la desviación. Su pensamiento incomoda especialmente en una época en la que la expansión de los sistemas penales se presenta como solución universal a conflictos que son, en realidad, sociales, económicos y políticos. El crecimiento desmedido del poder punitivo no ha producido sociedades más justas, sino más cárceles, y con ellas, espacios de encierro profundamente inhumanos; desde esta perspectiva, la cuestión no es eliminar el sistema penal, sino interrogar su centralidad.

Christie no propuso la abolición del sistema penal; más bien, cuestionó la idea de que el castigo deba ser la herramienta central para gestionar los conflictos sociales. Advertía que cuanto más se amplía el sistema penal, menos espacio queda para otras formas de resolución. El castigo desplaza al diálogo, a la reparación y a la responsabilidad compartida. Se convierte en atajo institucional.

Uno de sus aportes más decisivos fue

señalar que los delitos no existen como entidades naturales, no son objetos que puedan encontrarse en la realidad. Son etiquetas lingüísticas que una sociedad decide aplicar a determinados actos humanos. El problema aparece cuando esa etiqueta se vuelve elástica; entonces, si cualquier conducta puede ser nombrada como delito, el castigo se transforma en un recurso ilimitado (Christie, "El umbral del dolor", 2013)

Nils Christie advierte que, en no pocas ocasiones, la intervención del sistema penal no reduce el delito, sino que lo produce. El castigo genera distancia, rompe vínculos y construye una legitimación discursiva para un aparato que provoca sufrimiento de manera deliberada, bajo la apariencia de neutralidad técnica, el sistema penal organiza el dolor como mera respuesta institucional.

Para que este proceso resulte aceptable, es necesario un lenguaje que lo oculte y se deconstruye el lenguaje técnico-jurídico que sostiene la imposición de castigos. Para él, la especialización de las instituciones, de los sujetos y de las palabras utilizadas en el escenario penal no hace sino camuflar un hecho central: el castigo es una práctica intencional de producción de dolor y la racionalidad jurídica no elimina esa realidad; la vuelve aceptable.

Aquí emerge la paradoja que atraviesa todo el sistema penal moderno, porque se expanden los aparatos penales con el argumento de prevenir el sufrimiento causado por el delito, pero son esas mismas cárceles las que funcionan como máquinas de dolor. El encierro excluye a las personas de las dinámicas sociales externas al sistema penal y las inscribe en un circuito cerrado de control y estigmatización. El resultado final no es la reducción del conflicto, sino su reorganización.

Por ello, Christie sostiene que el ingreso

masivo a prisión no puede vincularse de manera directa con variaciones en los niveles de criminalidad. La cárcel no resuelve el conflicto social que dice combatir; lo reorganiza en forma de sufrimiento institucionalizado. (Christie, Los límites del dolor, 1998)

EL ROL DE LOS SESGOS, LAS EMOCIONES Y LA INSTRUMENTALIZACIÓN PUNITIVA

La instrumentalización punitiva se sostiene menos en la racionalidad jurídica que en la gestión emocional del miedo y el prejuicio.

El miedo nos muestra una faceta profunda en la mente humana, una que trasciende la realidad tangible, para convertirse en un terreno más poderoso, el de la representación simbólica. Como lo mencioné en líneas pasadas a lo largo de la historia, las civilizaciones han temido a lo que no pueden controlar ni comprender. Es aquí donde entra en juego la imaginación, esa función psíquica que combina datos, memorias y emociones para formar imágenes mentales, que, aunque desvinculadas al mundo exterior, poseen un efecto real sobre nuestra percepción del riesgo. (Lopez, 2023).

Ahora bien, cuando ese miedo alcanza niveles insoportables, da pasos a su hermana violenta, la ira. Porque si el miedo paraliza, la ira moviliza; es en este punto donde el ser humano, abrumado de su propia vulnerabilidad, cruza el umbral psicológico que lo lleva a justificar el daño como mecanismo de autoprotección. Se trata entonces de eliminar aquello que representa riesgo; aunque sea imaginado, exagerado o estratégicamente inducido.

Pensemos en algo cotidiano. Una persona está en su casa, de noche, y de repente siente que alguien ha entrado, al inicio aparece el miedo donde el cuerpo se queda quieto, el corazón se acelera y la mente solo piensa en el peligro; pero si el peligro no desaparece y la sensación se vuelve insoportable, se transforma en ira, como instinto de protección. La persona actúa porque siente que debe defenderse para sobrevivir.

Quiero decir con ello que la violencia rara vez se presenta desnuda, siempre busca la forma de elevarse a la categoría de "deber" y simular una defensa de valores compartidos "en pro de". Ese desplazamiento es decisivo, porque traslada la responsabilidad desde el individuo hacia una abstracción irresistible; y lo más inquietante es que esta violencia no siempre se presenta como barbarie. Al contrario, a menudo se disfraza de virtud, y se ejecuta con la bandera de justicia, y bajo su manto sagrado se han cometido algunos de los actos más atroces de la historia de la humanidad.

Robespierre invocó la virtud republicana para convertir la guillotina en un deber cívico; Torquemada persiguió desde la ortodoxia institucionalizada; y Hitler gobernó desde un orden jurídico que transformó el exterminio en política de

Estado. (Lopez, 2023).

En este punto intentaré ingresar a un terreno escabroso, el de la moral. Algunos autores consideran que "las creencias morales son un factor espurio porque la moralidad es una adaptación al contexto social y, por tanto, el comportamiento resultante está determinado por ese contexto y no por la moralidad" (Tilly, 2003). Entonces si la moral se ajusta a la presión económica, religiosa, política o del grupo, deja de ser una convicción personal y se convierte en una herramienta para controlar conductas.

Por eso, vemos como comunidades enteras pueden avalar acciones que, de manera individual, muchos rechazarían, como linchamientos o castigos ejemplares. Vemos que no actúan por convicción, sino porque la moral dominante promete protección y refuerza la idea de que dañar es un acto correcto. La violencia deja de verse como un exceso y empieza a presentarse como una obligación moral. La pregunta que queda abierta no es si la moral guía la conducta humana, sino quién decide el contenido de esa moral y con qué finalidad.

Pero la violencia no siempre brota del impulso; a veces se cultiva en el terreno fértil de la percepción, actualmente, la inmediatez ha sustituido a la reflexión y, en ese lugar, la distorsión cognitiva opera como máquina política.

En este escenario, es imprescindible hablar de los sesgos. Según el Colegio de Psicólogos de Argentina, "el sesgo se refiere a la tendencia sistemática de una persona a pensar o actuar de una manera particular, influenciada por factores internos o externos. Estos sesgos pueden afectar nuestra percepción, juicio y toma de decisiones, y a menudo nos alejan de la racionalidad y la objetividad" (Juan, s.f.)

El sesgo de disponibilidad también definido como heurístico de disponibilidad, es la tendencia que tenemos los seres humanos de juzgar la frecuencia o la probabilidad de un acontecimiento en términos de lo fácil que es pensar en ejemplos relacionados con el mismo (Rubio, 2022) en otras palabras, es ese atajo mental por el cual lo que más recordamos nos parece más frecuente, más real, más urgente, y justo allí se convierte en un arma de construcción masiva de enemigos. No es el crimen lo que crece, sino la sensación de que crece.

Muchas personas sienten un miedo irracional a volar, convencidas de que un accidente aéreo es inminente, cuando las estadísticas muestran que es extremadamente seguro; al mismo tiempo, la gran mayoría viaja diariamente en motocicleta, donde el riesgo real de accidente es mucho mayor, pero ese peligro pasa desapercibido. La mente recuerda con facilidad los accidentes impactantes que aparecen en los medios y minimiza los riesgos cotidianos, y así el temor se alimenta de lo disponible, no de lo probable. Es el efecto de lo que su memoria tiene a mano.

Este fenómeno, lejos de operar aisladamente, encuentra su añadidura perfecta en otro desvío cognitivo igual de insidioso, el sesgo de confirmación. Si el heurístico de disponibilidad nos hace sobreestimar la presencia de ciertos hechos de fácil evocación, el sesgo de confirmación nos lleva a buscar, interpretar y recordar la información de forma que reafirme nuestras creencias previas, desechando cualquier evidencia que la contradiga. Incluso cuando aparentamos ejercer un juicio crítico al recorrer distintos medios, contrarrestar versiones o buscar una supuesta pluralidad informativa, escasa vez escapamos del peso de nuestra convicción preexistente.

Nos sentimos libres, pero operamos prisioneros de una arquitectura mental que selecciona, jerarquiza, y valida aquello que nos resulta ideológicamente cómodo y no contradiga nuestro propio prejuicio. Así el acto de informarse se transmuta en un ritual de auto confirmación, en el que la disidencia cognitiva es silenciada antes que llegue siquiera a incomodar.

Imposible dejar de lado que la memoria también cumple una función estratégica, puesto que, a diferencia de lo que se cree, no es un archivo confiable, sino maleable. Está subordinada a las características de quien recuerda y a las condiciones externas que dan sentido a lo recordado. Esa plasticidad permite que el recuerdo se ajuste a las necesidades del momento, y ahí reside su utilidad política.

Téngase presente que el populismo punitivo no necesita demostrar, le basta con invocar una memoria emocional que confirme amenazas, héroes y culpables. Por eso, una sociedad que recuerda con miedo acepta más fácilmente el castigo, porque lo ve como algo normal y esperado.

No quisiera extenderme en una lista interminable de conceptos usados como mecanismos de "manipulación". Uso las comillas porque más adelante diferenciaré persuasión, manipulación, influencia social y control mental. Seré discrecional. He intentado ilustrar los que, a mi juicio, resultan más útiles para asomarse, aunque sea someramente, a esta temática.

Este engranaje perceptivo alimentado por los sesgos y validado por afinidades ideológicas encuentra su amplificador más eficaz en los medios de comunicación. La sobrexposición de la delincuencia violenta no responde necesariamente a una mala praxis, sino a una lógica de selección editorial que privilegia el impacto por encima de la proporcionalidad. (Barreto, 2018)

Podrían pensar que al relatar estos mecanismos intento convencerlos de que todo está orquestado, que existe un gran complot detrás de cada noticia o cada decisión política. No es así. Lo que describo tiene respaldo en la literatura especializada y en profesionales que han estudiado estos fenómenos con maestría. Sin embargo, es imperioso disipar cualquier duda.

Acogeré lo dicho por el Dr. Juan Moisés de la Serna, Psicólogo Neurocientífico cuando hace la siguiente distinción "La persuasión respeta la agencia del receptor y opera dentro de límites éticos establecidos. La manipulación explota asimetrías de información o poder para producir cambios que no ocurrirían bajo condiciones de transparencia completa. El control mental busca alterar de manera fundamental y a menudo irreversible los procesos básicos de pensamiento, la estructura de creencias y la identidad del individuo" (Serna, s.f.) Esta diferenciación es crucial para entender los mecanismos de poder en los discursos políticos y mediáticos. Nos permite analizar con rigor cuándo una influencia es legítima, cuándo se convierte en coercitiva y cómo ciertas narrativas logran modelar la conducta colectiva sin recurrir a la fuerza explícita.

Podrían pensar que al relatar estos mecanismos me sumerjo en teorías conspirativas, pero estoy distante de ello. Se trata de comprender cómo los discursos moldean percepciones colectivas sin necesidad de violencia.

En este terreno, la oratoria de Adolf Hitler ofrece una lección cruda y magistral. Según el Centro de Estudios Políticos Niccolò di Bernardo dei Machiavelli en Paraguay, su retórica no era improvisada, cada gesto, cada pausa, cada énfasis estaba calculado para despertar miedo, nostalgia y frustración, transformando experiencias individuales en una narrativa nacional de victimización y propósito compartido.

Hablaba directamente a la identidad de su audiencia, consolidando enemigos comunes y justificando políticas autoritarias. La urgencia, la emoción y la cohesión social eran manipuladas con tal precisión que la lógica pasaba a segundo plano y la obediencia se volvía casi natural. (Bibliolítica, 2025)

En un terreno distinto, pero no menos poderoso, conviene advertir al lector que el tema de las iglesias y su influencia histórica puede resultar sensible o incluso herir ciertas susceptibilidades. No se trata de cuestionar la espiritualidad ni la fe de quienes la profesan, sino de examinar con rigor cómo ciertos discursos religiosos, por su naturaleza sagrada, han podido moldear comportamientos colectivos y generar obediencias masivas. Me arriesgo a señalarlo porque pasar por alto esta dimensión sería, a mi juicio, un acto de deshonestidad intelectual.

En este teatro de espejos deformantes, la política criminal deja de ser una herramienta técnica y se convierte en un espectáculo reactivo; guiado no por evaluaciones rigurosas, sino por el termómetro emocional de una ciudadanía intoxicada de miedo. No importa cuán bajos estén los índices delictivos; si la percepción de inseguridad crece el castigo se impone como necesidad visceral, y las leyes dejan de tener una vocación normativa para transformarse en respuestas a titulares que fueron desde su génesis diseñada para escandalizar.

La cárcel y el endurecimiento penal se catequiza como eslogan y todo aquello que nos exige mesura, tiempo y pensamiento crítico, es arrojado al fuego por la urgencia fabricada.

NARRATIVA MEDIÁTICA

Los medios no solo relatan el delito;
configuran el marco emocional
desde el cual se exige castigo.

En los sistemas penales actuales, la opinión pública no es un entorno pasivo, sino un actor difuso que presiona, condiciona y en ocasiones distorsiona el desarrollo normativo del derecho penal. En ese escenario los medios de comunicación tradicionales y digitales operan como curadores simbólicos del crimen; seleccionando que hechos adquieren relevancia social, cuales merecen sanción colectiva, y que respuestas se consideran legitimas.

En sociedades donde la política criminal se desarrolla sin planificación técnica y con debilidad institucional, la narrativa mediática tiende a ocupar un lugar central en la construcción de la percepción de inseguridad.

La repetición selectiva de hechos delictivos, el uso de titulares hiperbólicos, la ausencia de contexto estadístico y el énfasis en imágenes sensacionalistas consolidan un clima social basado en la alarma. A esta construcción mediática se suma el funcionamiento de plataformas digitales cuya lógica algorítmica potencia la viralización del miedo.

Colombia nos ofrece un terreno fértil para este fenómeno, por razones institucionales y culturales que confluyen de forma persistente. En primer lugar, la historia del país ha estado atravesada por violencias múltiples y superpuestas; como, el conflicto armado interno, narcotráfico, paramilitarismo, criminalidad organizada, violencia estatal, entre otros.

Esto ha consolidado una cultura política,

donde el enemigo interno ha sido una constante, y con él, la necesidad de respuestas excepcionales, rápidas y contundentes. El relato de seguridad siempre ha tenido prioridad sobre los discursos de justicia, equidad o derechos. En consecuencia, el miedo, en Colombia, no es coyuntural sino estructural.

En segundo lugar, el sistema judicial colombiano presenta debilidades institucionales crónicas, la impunidad, congestión procesal, falta de autonomía, desigualdad en el acceso a la justicia. En este vacío, los medios y las redes asumen el rol de jueces simbólicos; presionando decisiones y exigiendo reformas legales. La falta de confianza en la institucionalidad convierte al espectáculo punitivo en una forma sustitutiva de justicia; Así, por ejemplo, en Estados Unidos, Messner, Baumer y Rosenfeld encontraron que existe una positiva vinculación entre niveles de confianza social y tasas de homicidio. (Steven Messner, 2004) Lo que nos sugiere que la criminalidad no puede abordarse exclusivamente desde el endurecimiento penal, sino que exige políticas orientadas a reconstruir los vínculos sociales y la legitimidad del Estado.

En tercer lugar, la sociedad colombiana esta mediada por una cultura comunicacional altamente sensacionalista, donde los diferentes medios compiten por visibilidad, con narrativas que privilegian la viralidad, no la veracidad. La fragmentación de los hechos, el uso reiterado de imágenes violentas, titulares alarmistas, la reproducción de crímenes espectaculares que configuran una percepción de inseguridad hipertrofiada, desconectada muchas veces de datos fidedignos.

Y, en esa línea, mencionaré la elipsis, entendida por el Diccionario de la Lengua Española como "la omisión intencionada de algún elemento del discurso para suscitar determinados efectos en el lector" (española, s.f.)

Observamos cuando un medio o un discurso político omite un dato importante, la mente del público completa el vacío con lo que ya teme o supone. Si se dice en un titular de prensa: "un hombre fue capturado", pero se omite por qué, cómo o en qué circunstancias, el público llena el hueco con sospechas propias. Entonces se deja el terreno fértil para que cada quien imagine lo que quiera.

Este fenómeno se acentúa cuando los titulares anuncian, por ejemplo: "juez deja en libertad al ladrón de la vía 40", sin aclarar si la persona fue absuelta en juicio, si se trató de una causal objetiva como el vencimiento de términos, o si la medida respondió a garantías procesales legalmente establecidas.

La omisión deliberada o negligente de estos elementos esenciales produce una reacción previsible en los comentarios de redes sociales, donde no se cuestiona el hecho concreto, sino que se lapida al sistema judicial en su conjunto.

Conviene precisar que esta observación no parte de la idealización del aparato judicial ni de la negación de sus falencias. Sin embargo, cuando se priva al lector de la información mínima necesaria para comprender una decisión judicial, el discurso mediático deja de informar y comienza a movilizar emociones, apelando al miedo y a la indignación como mecanismos de cohesión de masas.

Si a esto le sumamos una débil cultura de derechos humanos y una ciudadanía que ha sido socializada históricamente en una noción autoritaria del orden; por ejemplo, el asesinato de varios menores ocurrido entre 2023 y 2024, ampliamente cubierto por los medios, reactivó el debate sobre la cadena perpetua en Colombia, pese a que el país ya contempla sanciones severas para estos delitos. Tal como lo reseña el Diario El País (País, 2024), el uso emocional de estos casos revivió impulsos legislativos sin evaluación probatoria ni análisis constitucional serio.

El derecho penal empieza a operar bajo lógicas selectivas, profundamente marcadas por desigualdades. El poder adquisitivo, la visibilidad pública, y pertenecer a ciertas elites sociales, no solo condicionan el acceso a la justicia, sino que determinan el tipo de sanción posible, la forma en que se negocia la responsabilidad penal y la intensidad simbólica del castigo.

Para ilustrar esta afirmación, resulta pertinente contrastar dos casos ampliamente conocidos a nivel nacional, aunque de características procesales y sociales diametralmente opuestas. El de Daneidy Barrera Rojas, conocida mediáticamente como "Epa Colombia", y el de Emilio Tapia, empresario y contratista implicado en delitos de corrupción estatal.

Barrera Rojas, mujer, madre, empresaria emergente de origen popular, fue condenada a más de cinco años de prisión por daños materiales a una estación de transporte público en Bogotá durante el paro nacional de 2019, hecho que incluyo la ruptura de vidrios y afectación a bienes públicos.

La conducta, que sin duda es reprochable, fue acompañada desde entonces por reiteradas expresiones públicas de arrepentimiento, propuestas de reparación y reconstrucción social desde el emprendimiento. A pesar de ello, la respuesta judicial fue particularmente severa y simbólicamente ejemplarizante, convirtiéndose en una sanción no solo jurídica sino social. (El colombiano , 2025)

En este caso el castigo no solo se aplicó a la conducta sino al sujeto que la encarnaba. Una mujer que ascendía desde los márgenes sociales y que había ganado notoriedad mediática sin haber pasado por los filtros tradicionales.

En contraposición, Emilio Tapia, reconocido contratista, vinculado a múltiples escándalos de corrupción, entre ellos el de "centros poblados", que implicó el desvió millonario de recursos

destinados a llevar conectividad a escuelas rurales[3], fue condenado por tercera vez a seis años y cuatro meses de prisión, por los delitos de peculado por apropiación, fraude procesal y falsedad en documento público. El monto de lo apropiado, la reincidencia y el daño a sectores vulnerables como la educación rural no impidieron que su pena fuera negociada mediante un preacuerdo con la Fiscalía. La condena incluyó beneficios penitenciarios y condiciones de reclusión privilegiadas. (Vanguardia, 2024)

Este contraste **no pretende justificar ninguna conducta**, sino evidenciar las asimetrías profundas de la aplicación del poder punitivo. Mientras los sectores populares son objeto de sanciones ejemplares, el delito de "cuello blanco" encuentra rutas procesales con narrativas tecnificadas y una presencia mediática más neutral. El castigo, no responde solo al hecho punible, sino a la posición social y al tipo de "peligrosidad" que construye el imaginario colectivo.

Y es precisamente este imaginario, alimentado por una narrativa mediática cargada de miedo, el que moldea la percepción pública del delito. Según la encuesta de Convivencia y Seguridad Ciudadana del DANE (2016) el 62,7% de los colombianos manifestó sentirse inseguro, aunque el 16,7% reportó haber sido víctima de algún delito (DANE, 2017). Esta brecha, aunque puede estar afectada por el subregistro, revela una desconexión entre la percepción y la realidad.

Y allí, nos encontramos en un círculo vicioso; los medios venden violencia; la sociedad asustada exige castigo y las autoridades legislan bajo presión emocional y no racional.

La Nación. (2025, abril 16). Emilio Tapia quedó oficialmente en libertad condicional. Recuperado de https://www.lanacion.com.co/emilio-tapia-quedo-oficialmente-en-libertad-condicional/ En el marco del escándalo de "centros poblados" se reveló que Emilio Tapia, empresario condenado previamente por corrupción, estuvo detrás del entramado fraudulento, que buscaba apropiarse de un millonario contrato estatal destinado a proveer internet en escuela rurales en Colombia, durante el gobierno del entonces presidente Iván Duque. La operación se facilitó mediante la presentación de una póliza falsa, lo que permitió el anticipo irregular de 70.000 millones de pesos colombianos (aproximadamente 18 millones de USD), suma que desapareció y dejo comprometidos a varios funcionarios y empresarios. Tapia fue condenado a prisión y se comprometió a devolver 5.063 millones de pesos como parte del daño económico causado. No obstante, en abril de 2025, un Juez de Ejecución de Penas en Barranquilla le otorgó libertad condicional.

LA ORATORIA EN LA "POLÍTICA"

La palabra mal usada puede hacer de cualquiera un Hitler posible.

La política mueve masas con palabras, muchas veces no utiliza ideas profundas, sino discursos diseñados para producir una reacción. Ahora, la oratoria definida como "El arte de hablar con elocuencia" (Española, Diccionario de la lengua española (22.ª ed.), 2001) no es un talento innato, se aprende, se practica y se perfecciona con un objetivo preciso; comprender cómo se construyen los discursos, nos permite identificar cuándo una palabra informa y cuándo busca dirigir, dividir o someter.

La intención primaria no es enseñar a hablar mejor ni perfeccionar habilidades expresivas; si algo de ello se construye, será por añadidura. El objetivo central es que el lector adquiera herramientas para leer el discurso político con distancia crítica y reconocer sus mecanismos.

Con frecuencia se confunden tres conceptos que no son equivalentes: oratoria, retórica y dialéctica. Esta falta de diferenciación enturbia el análisis del discurso político. Por ello, antes de avanzar, resulta necesario delimitar cada uno de estos términos y despejar el camino conceptual.

Para Aristóteles la retórica era la "exposición hablada con fines de persuadir y refutar" (Aristóteles, 2002) la reflexión que provoca no es libre; está guiada. La oratoria, por su parte, es la ejecución del diseño retórico en un discurso concreto; entonces, la retórica sin oratoria queda en esquema y la oratoria sin retórica se reduce a ruido. Por el contrario, en la otra esquina encontramos la dialéctica, que no busca adhesión inmediata sino razonamiento.

Aristóteles identificó tres ejes que sostienen todo discurso persuasivo; el ethos, pathos y logos. El ethos se construye a partir de la credibilidad del orador. La autoridad, la experiencia y la pertenencia al tema generan confianza previa al contenido. Sin ethos, el discurso se debilita antes de comenzar. Ahora, el pathos no apela al pensamiento, sino a la emoción. Su función es provocar una reacción inmediata en quien escucha; y el logos se encarga de ordenar el discurso para que resulte coherente y aceptable; hace referencia a la apelación al intelecto mediante argumentos lógicos, y en este razonamiento se pueden adoptar dos formas; el método deductivo, cuando se parte de principios generales para llegar a conclusiones particulares, y el método inductivo, cuando se extraen conclusiones generales a partir de casos concretos. Pero debemos tener especial cuidado, porque el logos no garantiza verdad, pero nos da la idea de racionalidad.

Aristóteles otorgaba primacía al logos, al considerar que la persuasión debía sostenerse en la razón antes que en la emoción. Sin embargo, en la modernidad esta jerarquía parece haberse invertido. El pathos ha adquirido un peso predominante en el discurso político contemporáneo, los discursos populistas, orientados a conmover más que a argumentar, logran mayor impacto y circulación. La emoción desplaza al razonamiento, y la eficacia del discurso se mide por su capacidad de movilizar, no por su solidez lógica. (Aristóteles, 2002)

Hitler comprendió muy bien esta dinámica. Para él la política no se ganaba con ideas, sino con emociones. Su oratoria se sostuvo casi por completo en el pathos.

Observemos como la noche del 16 de octubre de 1919, en la cervecería Hofbräukeller de Múnich, habló por primera vez como miembro oficial del Partido Obrero

Alemán. En la sala había poco más de un centenar de personas. No era un escenario relevante ni un auditorio decisivo. Sin embargo, el efecto fue inmediato.

Durante cerca de media hora habló sin contención. Sus palabras brotaban con una fuerza incontenible, descargando resentimientos acumulados, frustraciones largas, ideas repetidas durante años en silencio. Cada frase buscaba impactar y la vehemencia suplía la falta de experiencia.

Para quienes lo escucharon esa noche no hubo dudas que estaban en presencia de un orador con el poder de arrastrar.

Con el tiempo, los discursos de Adolf Hitler dejaron de ser improvisaciones exaltadas para convertirse en representaciones cuidadosamente diseñadas. Nada quedaba al azar; la postura corporal siempre dominante y elevada; el control del espacio; el tono agresivo y enfático y el ritmo creciente del discurso. Cada elemento cumplía una función precisa: producir impacto emocional y anular la distancia crítica.

Su oratoria se inscribió en un modelo totalitario donde el discurso no solo transmitía ideas políticas, sino que imponía una visión absoluta del mundo, concentrada en su figura como líder. No decía hablar por el pueblo; hablaba como si fuera el pueblo.

El objetivo era sumergir al oyente en una experiencia emocional compartida, liberar tensiones acumuladas y ofrecer una salida simbólica a una situación percibida como desesperada. Para ello, Hitler utilizó un lenguaje polarizador y victimista, configurado en términos absolutos: pertenecer o ser excluido, obedecer o traicionar.

Pero esta forma de oratoria no se sostuvo solo en la figura del líder, fue perfeccionada y llevada a su máxima eficacia por el ministro de Propaganda del Tercer Reich, Joseph

Goebbels, quien, a diferencia de Hitler, cuya oratoria se apoyaba en el desborde emocional y el carisma personal, Goebbels trabajó desde la planificación fría.

El discurso pronunciado por Joseph Goebbels el 18 de febrero de 1943 en el Sportpalast de Berlín ocupa un lugar central en la historia de la propaganda del siglo XX. No solo por su contenido, sino por su eficacia comprobada. Se trata de uno de los ejemplos más inquietantes de cómo la retórica, puesta al servicio de un régimen totalitario, puede producir efectos políticos, sociales y militares concretos.

Diversos análisis posteriores han coincidido en su carácter decisivo; así lo sostuvo un estudio publicado en Die Welt en 2013 lo describió como una pieza retórica de precisión extrema, un movimiento propagandístico exitoso que logró prolongar la agonía del Tercer Reich durante varios meses. El escritor Rafael Selikman lo calificó como el acto más impactante de la gestión política de Goebbels, capaz de provocar una reacción psicológica masiva con consecuencias reales.

Las imágenes del evento, en especial el momento en que Goebbels lanza la pregunta sobre la "guerra total" y la multitud responde con un rugido unánime, se repiten de forma constante en documentales y materiales educativos. Ese fragmento se ha convertido en un emblema visual de la manipulación colectiva, en muchas obras pedagógicas se reproducen las preguntas finales del discurso para analizar no solo su contenido, sino las técnicas oratorias empleadas para movilizar a una nación exhausta.

La persistencia de este discurso en la memoria colectiva responde a varias razones. La primera es su carácter de evento propagandístico total; fue escenificado con exactitud milimétrica en un espacio cargado de simbolismos, y amplificado por la radio, prensa escrita y noticiarios cinematográficos de la época.

Este discurso condenso de forma especialmente cruda su estilo propagandístico; representa su capacidad para utilizar cada recurso (lenguaje, ritmo, escenografía y masa) con una frialdad estratégica sostenida por un fanatismo sin límites. Por ello, el discurso se convirtió en el arquetipo de la propaganda nazi. Y su legado sigue vivo hoy. Acusar a alguien de "hacer propaganda como Goebbels" opera como una condena moral y política definitiva en los debates contemporáneos.

El segundo elemento que mantiene vigente la resonancia del discurso del 18 de febrero de 1943 es su valor como caso extremo de manipulación colectiva. La intervención en el Sportpalast se cita de manera recurrente como prueba de hasta qué punto una multitud puede ser conducida emocionalmente hacia posiciones radicales.

El público no solo aprobó la propuesta de guerra total, sino que exigió una versión aún más extrema, aceptando sin cuestionamientos los términos del orador.

Las frases lanzadas desde el podio eran recibidas con entusiasmo inmediato y la audiencia parecía dispuesta a seguir sin reservas, como atrapada en un trance colectivo. Este episodio ha sido interpretado como evidencia de la vulnerabilidad de una sociedad sometida a un bombardeo constante de propaganda y refuerza la idea de que la Alemania nazi no solo fue gobernada por la fuerza, sino por un sistema mediático totalitario que anuló el pensamiento crítico.

En un camino opuesto encontramos la oratoria de Martin Luther King Jr. Que constituye una de las expresiones más acabadas de persuasión ética en el siglo XX. Su palabra se organizaba en torno a una arquitectura moral orientada a transformar la conciencia colectiva.

Desde el ethos, King se presenta como un líder con autoridad moral, construida como pastor y heredero de una tradición cristiana centrada en la dignidad humana. Esta posición le permite dirigirse tanto a los oprimidos como a los opresores sin deshumanizar a ninguno.

El pathos de King es igualmente singular. Su discurso conmueve, pero no exacerba el odio ni convierte el dolor en combustible de venganza. Apela al sufrimiento compartido, a la esperanza y, sobre todo, a la vergüenza moral de una sociedad que ha traicionado sus propios principios.

En cuanto al logos, King articula una argumentación rigurosa; sus discursos enlazan la Constitución, la Declaración de Independencia y el mensaje bíblico para revelar una contradicción de la segregación racial y la incoherencia lógica del orden jurídico y democrático estadounidense.

Todo lo anterior se materializa en el

discurso pronunciado el 28 de agosto de 1963, a los pies del monumento a Abraham Lincoln, en Washington D.C. La elección del lugar no es casual. Hablar bajo la figura del presidente que abolió la esclavitud es inscribir la lucha por los derechos civiles en la continuidad de una promesa nacional incumplida. El inicio mismo del discurso dialoga con la tradición oratoria de Lincoln y con su célebre discurso de Gettysburg. King retomó esa memoria para construir una analogía poderosa entre las promesas hechas a la comunidad negra y la realidad de exclusión que persiste; entendió que las ideas abstractas no movilizan conciencias si no se traducen en imágenes concretas. Por eso su lenguaje estuvo poblado de metáforas precisas y escenas reconocibles. No habló de "futuras generaciones" sino, de sus cuatro hijos; invocó la igualdad en el símbolo de una mesa compartida, en colinas concretas y en cuerpos que se sientan juntos.

El cierre del discurso refuerza esta estrategia. Al proclamar "al fin libres", King retomó un canto espiritual profundamente arraigado en la memoria afroamericana y su palabra se ancla en lo que la comunidad ya conoce, ya siente, ya recuerda.

Entonces la oratoria de Martin Luther King Jr. demuestra que el discurso político puede movilizar multitudes sin convertirse en instrumento de terror. Es la prueba que es posible convocar a las masas sin sacrificar la ética, y que el lenguaje, cuando se funda en la dignidad humana, puede desafiar al poder sin reproducir su violencia.

Frente a la retórica del miedo, sus palabras ofrecen la transformación moral de una sociedad que debe aprender a mirarse a sí misma.

Ojo, querido lector no quiero que te límites a ver un simple contraste histórico entre Hitler y King, es evidente que entre ellos hay dos épocas y dos causas distintas; miremos más allá; hay dos destinos posibles del lenguaje, y la diferencia no reside en la técnica, sino en la dirección ética del uso retórico.

En Colombia recientemente el precandidato presidencial Colombiano Santiago Botero Jaramillo ha expresado públicamente su intención de gobernar con balas: "persona que tenga capucha, que vaya en contra de las personas, le quiero decir que en mi gobierno lo único que tendrá es balín" (El Cronista.co, 2025) declaró entre aplausos en un recinto que celebró la promesa de sangre y escarmiento.

Posteriormente, ha complementado su discurso afirmando "la única solución para los bandidos es que le tengan miedo a delinquir" (Jaramillo, 2025). Estas afirmaciones revestidas de demagogias punitivas constituyen mucho más que un exabrupto retórico, son un síntoma de una política criminal populista que no le interesa razonamientos o transformar la realidad social, sino someterla a través del miedo.

El discurso de Botero representa lo que Zaffaroni denomina "populismo punitivo", una estrategia mediante la cual el poder político instrumentaliza el derecho penal como espectáculo, desviando la atención de los problemas coyunturales y ofreciendo el castigo como solución mágica, degradando el lenguaje político y erosionando los principios fundamentales del estado social de derecho.

Pretenden entonces, reeditar el viejo modelo del enemigo penal, donde la persona no es portadora de derechos, sino de aniquilación. Se les olvida que la historia reciente de América Latina nos revela que la represión solo posterga y profundiza los conflictos. Que la violencia del estado no resuelve la desigualdad, no dignifica al ciudadano y no erradica la exclusión.

Y que, pretender gobernar con "mano dura" es ganar con miedo, es someter al pueblo al silencio preventivo, al castigo anticipado, a la obediencia sin critica. Es reducir al estado a su función represiva y olvidar su deber de proteger, educar y garantizar derechos; el poder que se cimienta desde el miedo en mi criterio no es legítimo. Será funcional para algunos, en su lógica de control, pero profundamente incompatible con la dignidad humana.

Quien detenta el poder, o aspira a ocuparlo, cimentando su discurso en políticas de miedo, transita en uno de dos caminos igualmente peligrosos: o demuestra una ignorancia absoluta de los fundamentos del pensamiento político moderno, desconociendo a Rousseau, quien enseñó que el contrato social no se celebra para someter; sino para proteger la libertad común; y a Montesquieu quien sostuvo que todo poder tiende a abusar si no encuentra límites, razón por la cual formula su célebre teoría de la separación de poderes. O, con pleno conocimiento de estos principios, miente deliberadamente al pueblo en pro de sus intereses electorales.

En un estado social de derecho como el colombiano, cuyo ordenamiento fue reconfigurado con la Constitución de 1991, con la dignidad humana, los derechos fundamentales y el pluralismo como eje del contrato social, resulta inadmisible y profundamente regresivo que se pretenda gobernar desde la amenaza.

A quienes desprecian la teoría del contrato, parece habérseles olvidado no solo la división de poderes como garantía contra la tiranía, sino que en Colombia la administración de justicia no recae sobre quien gobierna, sino en jueces sometidos al imperio de la ley, y que la separación de poderes no es un adorno institucional, es una muralla ética contra el abuso. En definitiva, quien desprecia a Rousseau y a Montesquieu desde el poder no representa al pueblo, lo utiliza. Y quien utiliza al pueblo para sostener un régimen de miedo, traiciona al espíritu mismo de la democracia.

EL DERECHO PENAL COMO ÚLTIMA RATIO, NO EL PRIMER REFLEJO

"La lamentable reiteración de abusos sobre los cuerpos de los detenidos, procesados y condenados da paso a una cada vez mayor apertura hacia el silencio y la duda, sobre todo cuando uno piensa que el Derecho Penal puede ser algo más que violencia"
(Encinoza, 2025)

El principio de "última ratio" en el Derecho Penal establece que la intervención del Estado a través de la legislación penal solo puede ser utilizado como el último recurso para proteger bienes jurídicos, cuando otros órdenes jurídicos han resultado insuficientes. (Española, Carácter de última ratio del derecho penal, 2025)

Sin embargo, este principio, que en el plano teórico actúa como un límite racional al poder punitivo del Estado, se ve constantemente tensionado en la práctica, porque basta con que irrumpan en la esfera pública hechos particularmente graves, especialmente aquellos que involucran delitos sexuales o homicidios cometidos contra niños, niñas y adolescentes, para que el debate penal se desplace del terreno de la reflexión serena al de la reacción emocional. En estos escenarios, el derecho penal deja de concebirse como último recurso y pasa a ser reclamado como respuesta inmediata, ejemplarizante y expansiva.

Es entonces cuando se reavivan, casi de forma automática, las exigencias de endurecimiento punitivo (aumento de penas, creación de nuevos tipos penales, restricciones a beneficios y garantías, e incluso la flexibilización de principios estructurales del sistema penal). Así, los casos más estremecedores operan como catalizadores de un derecho penal de excepción, en el que la última ratio se diluye.

No puede perderse de vista que la Constitución Política de Colombia por ejemplo se edifica sobre un modelo personalista, en el cual el ser humano ocupa el centro del ordenamiento filosófico, político y jurídico. La persona no es un medio, sino un fin en sí misma, dotada de una dignidad que opera como límite infranqueable al ejercicio del poder punitivo. (Criminal C. A., 2019)

Desde esta perspectiva, la pena de prisión perpetua que es lo que se exige cuando ocurren este tipo de delito sobre todo contra menores, compromete de manera directa principios estructurales del Estado social y democrático de derecho. Su imposición afecta derechos constitucionales esenciales que no pueden ser relativizados ni siquiera frente a los delitos más repudiables. En particular, vulnera la dignidad humana, entendida como columna vertebral del modelo constitucional, pues presupone que el condenado es un sujeto definitivamente excluido del proyecto social y jurídico del que ya hemos hablado en líneas anteriores.

La prisión perpetua es una sanción diseñada para clausurar cualquier horizonte de resocialización, desentendiendo al Estado de su obligación constitucional de ofrecer condiciones mínimas para la reconstrucción del vínculo entre el condenado y la sociedad. En otras palabras, la perpetuidad de la pena libera al Estado, por la vía del castigo absoluto, de la responsabilidad de pensar en la rehabilitación y peor aún en la PREVENCIÓN.

A ello se suma que la privación indefinida genera efectos nocivos sobre la salud física y mental de las personas condenadas, incrementando de manera previsible el número de reclusos de edad avanzada, enfermos crónicos o con afectaciones psiquiátricas severas. Esta realidad no solo profundiza el sufrimiento humano, sino que impone una carga adicional al sistema penitenciario y al erario público, obligando al Estado a asumir costos médicos y asistenciales crecientes en un sistema ya colapsado. (Criminal C. S., 2019)

Existen, además, riesgos institucionales que en el afán de "justicia" no se están teniendo en cuenta, miremos en contextos de errores judiciales (que es una realidad documentada en Colombia), las consecuencias de una condena injusta se tornan irreparables cuando la pena es perpetua.

En el caso concreto de los delitos sexuales contra menores, los estudios y diagnósticos coinciden en que los potenciales agresores no actúan guiados por un cálculo racional de la magnitud de la pena, sino por dinámicas mucho más complejas impulsivas, compulsivas o estructurales que hacen que el endurecimiento del castigo tenga un impacto nulo o, en el mejor de los casos, marginal en términos preventivos. Por ello, la simple elevación de las penas no pasa de ser una manifestación del derecho penal simbólico, orientada más a tranquilizar a la opinión pública que a resolver el problema, y una expresión clara del populismo punitivo.

Desde esta perspectiva, no es la severidad extrema de la pena lo que produce un efecto real de prevención, sino su efectividad. Es decir, la probabilidad cierta de que, tras la comisión de un delito, exista una investigación eficaz, una identificación del responsable y una sanción impuesta dentro de un sistema judicial que funcione. La experiencia demuestra que una pena moderada pero segura disuade más que una pena máxima que rara vez se aplica. En consecuencia, el Estado debería concentrar sus esfuerzos no en el aumento de las sanciones, sino en fortalecer las capacidades investigativas, dotar adecuadamente a las autoridades, mejorar la recolección de pruebas y garantizar un funcionamiento eficiente y oportuno del aparato jurisdiccional en este tipo de delitos. (Criminal C. S., 2019)

Esta preocupación ha sido expresamente señalada por algunos miembros del Consejo Superior de Política Criminal, quienes advierten que la introducción de la cadena perpetua en el ordenamiento jurídico colombiano podría generar un efecto perverso, contrario al objetivo declarado de proteger a los menores de edad. En lugar de reforzar su seguridad, la amenaza de una sanción absoluta podría agravar el riesgo al que se enfrentan las víctimas.

En efecto, cuando la pena prevista para un acto sexual violento contra un menor es la misma que la establecida para delitos aún más graves como el homicidio, el agresor pierde cualquier incentivo para limitar el daño causado; imaginemos que una persona comete un delito muy grave contra un menor y sabe que, si es descubierta, la consecuencia será prisión perpetua. Ahora pensemos que esa misma pena se aplica también si la víctima muere. En ese escenario, para el agresor no hay diferencia en el castigo entre dejar a la víctima con vida o causarle un daño aún mayor. Desde su lógica equivocada, podría pensar que es mejor eliminar cualquier posibilidad de ser reconocido o denunciado, porque la sanción será la misma haga lo que haga. (Criminal C. S., 2019)

Es decir, cuando el sistema penal no distingue entre distintos niveles de gravedad, desaparece el incentivo para contener la violencia. La pena máxima, en lugar de proteger, puede empujar a que el agresor actúe de forma más extrema, no porque la ley lo autorice, sino porque ya no tiene nada más que perder. Esta lógica ha sido reconocida en estudios criminológicos realizados en países como Estados Unidos, donde se ha advertido que las sanciones extremas pueden incrementar la letalidad de ciertos delitos.

Así, lejos de constituir una solución eficaz, la cadena perpetua corre el riesgo de intensificar la violencia, desbordar los límites del derecho penal racional y profundizar las fallas estructurales del sistema de justicia. La protección real de la infancia no se alcanza mediante respuestas penales maximalistas, sino a través de una política criminal integral, preventiva y basada en la eficacia institucional, que ataque las causas del delito y no se limite a reaccionar cuando el daño ya es irreversible.

Estoy de acuerdo que ciertos delitos no pueden ser ignorados, ni siquiera en nombre del garantismo. Pero lo que aquí se cuestiona no es la pena en sí misma, sino su uso simbólico, selectivo y sobre todo desproporcionado. El problema no es sancionar al violador, el problema es crear la ilusión de orden solo a partir del encierro; mientras se abandonan las causas del crimen.

Nunca se abordan las causas del delito, el sistema penal permanece ajeno a la mirada interdisciplinaria; no conversa con la medicina, la psiquiatría, la psicología, la sociología, la economía, entre otras. (Gual, 2024) No pregunta por las violencias invisibles que anteceden al hecho punible; por ello, el efecto preventivo del derecho penal depende del perfil del delincuente, así lo contempla Garrido "En muchos casos, el delincuente se halla preocupado, por encima de todo, por los detalles de la ejecución del delito, y no por reflexiones sobre lo que le sucederá si resulta finalmente capturado". (Garrido, 2003)

Si lo que se pretende es infundir terror, se logra todo lo contrario "Los investigadores han probado que la prisión mata espiritualmente al hombre, destruye en él todo resorte activo y toda reacción útil a la vida en común, y arroja por sus puestas, al término de la pena, según su duración, un pobre sujeto desalentado y radicalmente estéril para la comunidad o un ser más rencoroso, más inadaptado, más agresivo que el que entro a la penitenciaría" (Jiménez, 1982)

Por eso el ius puniendi no puede seguir funcionando como el primer reflejo ante el conflicto social y fusionarla con la tradición antigua de despotismo penal inaugurada con los criminal magestatis. (Ferrajoli L. , 2007)

ENTRE LA HERIDA Y LA MANIPULACIÓN

El sistema invoca a las víctimas
cuando necesita legitimarse
y las olvida cuando
debe escucharlas.

En el centro del discurso penal contemporáneo gravita una figura cargada de legitimidad moral y peso simbólico: la víctima. Erigida como emblema del dolor, su presencia invoca la compasión pública, y con frecuencia, opera como motor de endurecimiento legislativo y validación del castigo; la víctima se convierte en una entidad sacralizada, útil al aparato penal, no por lo que dice, sino por lo que representa.

Lo que pretendo no es desacreditar su dolor ni negar la urgencia de su reconocimiento. Todo lo contrario. Aspiro devolverle su voz, despojada de instrumentalizaciones narrativas, jurídicas y mediáticas que la reducen a excusa retorica. Porque si se escuchara verdaderamente a la víctima seria inevitable cuestionar las bases que reproducen la violencia.

Es allí donde emergen preguntas que no pueden seguir siendo postergadas: ¿Por qué algunas víctimas son expuestas hasta la saturación y otras silenciadas?, ¿Por qué la respuesta dominante al sufrimiento es casi siempre punitiva y no transformadora? ¿Por qué se proclama la victima como eje del proceso penal, pero se le ubica fuera de las decisiones sustantivas que lo atraviesan? La respuesta es incomoda. Escucharla de verdad implicaría asumir el conflicto en su complejidad y no reducirlo a un procedimiento sancionatorio.

Pero antes de seguir, es preciso detenerse en una pregunta fundamental, ¿Quién es víctima? Y entre otras definiciones, encontramos que "es la persona que padece la violencia a través del comportamiento del individuo – delincuente - que transgrede las leyes de la sociedad y cultura" (Marchiori, 2003), sin embargo, una lectura más crítica nos exige ir más allá de esta definición reduccionista. Su condición no puede estar determinada únicamente por la tipificación del daño ni por su funcionalidad en el proceso penal.

A partir de este punto, el análisis se centrará en el contexto colombiano. Nuestra evolución normativa en torno a las víctimas ha sido significativa, al menos en el plano formal; luego de muchos siglos de exclusión procesal donde la justicia era un duelo entre el Estado y el imputado, este sujeto ha regresado al centro del escenario penal.

Con el acto legislativo 03 de 2002 que modificó el artículo 250 de la Constitución *"…6. Velar por la protección de las víctimas, los jurados, los testigos y demás intervinientes en el proceso penal, la ley fijará los términos en que podrán intervenir las víctimas en el proceso penal y los mecanismos de justicia restaurativa."* (Constitución Política de Colombia, Título VIII. Capítulo VI, Artículo 250, 1991) Vemos como se reconoce la figura de la víctima dentro del proceso penal como parte procesal. (Corte Constitucional, 2002)

La ley 906 de 2004, en su artículo 132 consagra:

"Se entiende por víctimas, para efectos de este código, las personas naturales o jurídicas y demás sujetos de derechos que individual o colectivamente hayan sufrido algún daño directo como consecuencia del injusto. La condición de víctima se tiene con independencia de que se identifique, aprehenda, enjuicie o condene al autor del injusto e independientemente de la existencia de una relación familiar con este." (Codigo de Procedimiento Penal, 2019)

Pese a ello la realidad judicial sigue

mostrando profundas tensiones entre el reconocimiento legal y las vivencias prácticas. La victima integrada al proceso penal, muchas veces cumple una función ornamental o instrumental, y no adquiere el papel trascendental en el discurso; deja de pertenecer a quienes lo vivieron. Su dolor se traduce en lenguaje técnico y se vuelve ajeno incluso para ella misma; el conflicto ya no le pertenece, ha sido absorbido por una maquinaria que habla en su nombre, pero que no le devuelve ni sentido ni reparación.

El ofensor, por su parte, queda fijado en una identidad única, deja de ser una persona situada en una red social para convertirse en "el procesado". El sistema no le exige comprender el daño causado ni responsabilizarse frente a la víctima, sino someterse a una sanción impuesta por una autoridad.

Así, víctima y ofensor son ubicados en extremos opuestos de un escenario diseñado para que no se encuentren. Entre ambos se levanta un andamio que monopoliza el conflicto y lo redefine como una infracción al Estado, y la relación deja de ser humana sin diálogo posible, porque el sistema no está hecho para escuchar, sino para decidir. Christie nos advierte que, el conflicto, que podría ser un espacio de reconocimiento mutuo y de reconstrucción de vínculos, se convierte en un expediente cerrado. (Christie, Los conflictos como pertenencia, 1992)

Así la evolución normativa en Colombia, aunque relevante, no ha despojado a la víctima de su función de legitimación del castigo; nos urge desmontar la idea que el castigo es sinónimo de justicia. No lo es. Puede ser parte de ella, pero no es su esencia. Pero… ¿Quién define lo que es justo? ¿y si lo que la víctima necesita no es una pena más alta, sino un Estado que funcione? ¿y si su mayor demanda no es venganza sino dignidad?

Tal vez justicia sería que nadie más sufriera lo que ella sufrió; que sus hijos tuvieran educación de calidad, techo y salud. ¿Cómo se puede hablar de justicia si se ignoran las condiciones que incuban la violencia? La drogadicción sin atención pública, la pobreza heredada, la corrupción que erosiona la confianza en las instituciones, el abandono estatal en territorios periféricos, la desigualdad naturalizada, la impunidad selectiva y la salud mental.

No pretendo hacerte creer que descubrí algo nuevo. Lo que aquí señalo ha sido advertido por criminólogos, sociólogos, victimas, defensores de derechos humanos por décadas. Pero lo cierto es que, aunque lo sepamos, seguimos actuando como si nada. El delito, en la mayoría de los casos, no es una decisión libre en sentido pleno, sino el desenlace de múltiples fallas previas y del abandono crónico del estado.

POLÍTICA CRIMINAL

"Tarde o temprano, habrá que sentarse para comenzar a trazar las líneas de una política criminal que tenga sonoridad de mayor calaje"
(Encinoza, 2025)

Resulta fundamental diferenciar entre política penal y política criminal. La primera se concentra en la transformación y orientación del derecho penal en sentido estricto: sus normas, sanciones, principios y técnicas de castigo. La segunda, en cambio, posee un alcance más amplio y estructural, pues integra no solo las decisiones propias de la política penal, sino también las estrategias de política social mediante las cuales el Estado pretende intervenir en las causas del delito, gestionarlo y responder a él desde una perspectiva preventiva, social e institucional.

Ahora la Corte Constitucional colombiana

definió la política criminal en la Sentencia C-646 de 2001 en los siguientes términos:

"Es el conjunto de respuestas que un Estado estima necesario adoptar para hacerle frente a conductas consideradas reprochables o causantes de perjuicio social con el fin de garantizar la protección de los intereses esenciales del Estado y de los derechos de los residentes en el territorio bajo su jurisdicción" (Corte Constitucional, 2001).

Esta definición, encierra que la política criminal no es un reflejo neutro de la realidad social, sino una forma específica de narrarla, de seleccionar aquello que merece reproche penal y de decidir cómo, cuándo y sobre quién debe recaer la respuesta punitiva del Estado. En ese sentido, la política criminal se convierte en un espacio donde confluyen poder, discurso y castigo.

Tal complejidad explica, como advierte (Letner, 2006), que en su configuración intervengan necesariamente los tres poderes públicos. Al Ejecutivo le corresponde el diseño y direccionamiento de la política criminal; al Legislativo, la criminalización primaria mediante la definición legal de las conductas punibles; y al Judicial, la aplicación concreta de esa política a través de la investigación, el juzgamiento y la imposición de sanciones. Sin embargo, el real problema radica en los cimientos de esta política.

La Comisión Asesora de Política Criminal en Colombia advirtió que múltiples medidas han sido adoptadas sin evaluaciones de impacto previas o posteriores, sin seguimiento a sus consecuencias sobre los fenómenos de la criminalidad y la violencia, ni sobre el funcionamiento del sistema normativo y de los operadores del sistema penal, penitenciario y carcelario. Esta ausencia de análisis ha contribuido a una política criminal reactiva, fragmentada y carente de coherencia.

En estrecha relación con lo anterior, la

misma Comisión señaló la falta de "sistemas de información sólidos, permanentes, confiables y fundados en derechos humanos, que permitan evaluar la evolución de los resultados de esas medidas", así como su eficacia o pertinencia frente a las dinámicas cambiantes de la criminalidad, ósea, que sin datos consistentes, la política criminal deja de ser una herramienta de intervención racional y se transforma en un acto de fe punitiva. (Criminal C. A., 2012)

Este fenómeno no es exclusivo del contexto colombiano. Díez Ripollés al analizar la política criminal española, advierte que los diagnósticos sobre la realidad social que se pretende transformar suelen ser extremadamente superficiales y que las decisiones se encuentran condicionadas por el eco que puedan tener entre quienes se arrogan la representación de la opinión pública. En consecuencia, dichas políticas adquieren un cariz inequívocamente populista, orientado menos a la solución de los problemas que a la obtención de apoyos inmediatos o réditos electorales. (Ripollés, 2012)

Con el objeto de hacer ejecutable esta herramienta, se utilizan un conjunto de estrategias mediante las cuales el Estado procura cumplir su función frente al fenómeno del delito. Dichas estrategias no se agotan en la respuesta represiva propia del sistema penal, sino que abarcan también acciones preventivas, como la educación, la cultura, el fortalecimiento del tejido social o el acceso a bienes simbólicos e, incluso, fórmulas mixtas que combinan ambas dimensiones.

Sin embargo, la transformación constante del delito ha presionado al Estado a redefinir su política criminal y su derecho penal. Este proceso de adaptación como ya lo he advertido, no siempre ha sido racional ni reflexivo. Por el contrario, en numerosos contextos ha dado lugar a la adopción de medidas cada vez más severas, algunas de las cuales rozan lo irracional y ponen en tensión principios que históricamente se habían concebido como límites al poder punitivo. Principios como la proporcionalidad, la intervención mínima o la racionalidad de la pena, pilares del derecho penal en los Estados democráticos de derecho, comienzan a erosionarse en nombre de la urgencia, la seguridad y la respuesta inmediata.

Dentro de un Estado social y democrático de Derecho resulta evidente que no es compatible un sistema penal de naturaleza autoritaria o totalitaria. No lo es un sistema que, en cualquiera de sus niveles o manifestaciones, tolere que el poder punitivo se rebose y permita contravención de los derechos humanos.

Podría sostener que cuanto más amplia, coherente y funcional sea la política criminal, menor será la necesidad de recurrir al derecho penal. En la medida en que las políticas sociales y las estrategias de prevención general del delito de carácter no penal cumplan efectivamente su cometido, el Derecho penal se retrae. A la inversa, cuando dichas políticas fracasan, el sistema penal se expande como respuesta sustitutiva, sin que ello se traduzca en una reducción real de la criminalidad ni de la inseguridad ciudadana.

En consecuencia, el Estado que, lejos de adoptar políticas sociales capaces de enfrentar los factores criminógenos, los reproduce o los favorece, pierde progresivamente la legitimación para reaccionar frente a la criminalidad mediante el Derecho penal.

Soy consciente de que el delito no desaparecerá jamás porque el conflicto es consustancial a la vida social, porque donde existen individuos diversos surge inevitablemente la fricción. Desde una perspectiva sociológica clásica, como la que inaugura Durkheim, el problema no radica en la existencia del conflicto, sino en la capacidad de la sociedad para encauzar los impulsos individuales mediante procesos efectivos de socialización y construcción de vínculos. La pregunta decisiva no es, entonces, por qué delinquen los individuos, sino cómo interactúan entre sí y de qué manera está organizada la sociedad que los contiene; por tanto, el Derecho penal no puede entrar a ocupar un lugar que no le corresponde.

Diversos factores sociales de riesgo inciden de manera determinante en la probabilidad de involucramiento en conductas delictivas. Sin embargo, las políticas públicas de protección social suelen perder de vista esta realidad de fondo. Entre los factores que resultan centrales para la comprensión del fenómeno y para el diseño de políticas públicas eficaces, especialmente en el contexto latinoamericano, destacan aquellos vinculados al desarrollo temprano y al entorno familiar. Las deficiencias en habilidades sociales, la impulsividad, la hiperactividad y las dificultades de autorregulación que están profundamente relacionadas con la cohesión familiar, la presencia efectiva de figuras parentales, el acompañamiento en los procesos educativos y la construcción de vínculos emocionales seguros. Cuando estos elementos fallan, el desarrollo juvenil se ve seriamente comprometido. (Peru, 2012)

A ello se suma el impacto devastador de la violencia intrafamiliar, porque quienes crecen como testigos de esa violencia arrastran secuelas emocionales, cognitivas y sociales que se proyectan a lo largo de toda su vida, erosionando sus posibilidades de integración social.

En otra arista encontramos el abuso de drogas y alcohol que se entrelaza con economías ilegales, dinámicas de violencia y formas de socialización marginal que refuerzan carreras criminales persistentes.

Finalmente, la desigualdad en la distribución de la riqueza opera como un telón de fondo constante, en territorios marcados por el desempleo, la discriminación, los salarios precarios, la vivienda indigna y la normalización de la violencia.

Es comparable al padre que abandona a su hijo durante toda su formación y regresa décadas después únicamente para exigirle cuentas. Cuando el Estado interviene tarde y solo a través del castigo, sanciona individuos sin haber asumido previamente su propia responsabilidad en la creación y reproducción de las condiciones sociales que hicieron posible el delito.

LA CÁRCEL Y SU FUNCIÓN DE CONTENCIÓN

"Solo el tiempo, el tiempo, dirá si la tarea de la reforma penal – cuando finalice- logró configurar un marco jurídico real o un marco jurídico ficcional"
(Encinoza, 2025)

La cárcel fue pensada como un espacio de reflexión, culpa y, finalmente, transformación y bajo esa lógica, el castigo no solo sanciona el daño causado, sino que promete algo más ambicioso: la posibilidad de volver distinto. (resocializar)

Sin embargo, esta promesa parte de un supuesto de que todos los sujetos que delinquen poseen la misma capacidad de sentir culpa, de aprender del dolor y de reconfigurar su relación con el otro. Ese supuesto, aunque cómodo, es falso. En los delitos de homicidio cometidos por sujetos con rasgos psicopáticos, la prisión no fracasa como institución resocializadora; simplemente nunca tuvo dónde operar. El sujeto con psicopatía entiende la norma, reconoce la ilegalidad de sus actos y es plenamente consciente del daño que causa, pero entonces ¿Cuál es su problema? Es afectivo; comprender su mente implica aceptar que no todos los delincuentes son iguales, y que tratar de la misma manera realidades psicológicas radicalmente distintas es pura ingenuidad penal.

El modelo penitenciario clásico se sostiene porque se espera que el sujeto sienta ese dolor como consecuencia de haber dañado a otro, pero el psicópata no experimenta la culpa como freno interno; podrá verbalizarla, describirla e incluso representarla, pero no la vive desde sus tuétanos. En prisión, este tipo de criminal empieza a aparentar una adaptación. Aprende qué decir, cuándo callar, cómo parecer arrepentido y de qué manera utilizar el lenguaje moral como herramienta estratégica, si es que así lo quiere.

Desde esta perspectiva, la resocialización es una ficción jurídica que tranquiliza a la sociedad, pero no modifica al sujeto, por eso el encierro no reconfigura su vínculo con la vida ajena, no reordena su jerarquía moral, porque esa jerarquía nunca estuvo fundada en la empatía. Entonces castigarlo jamás nos dará un aporte de culpa, internar a un individuo en un centro psiquiátrico o recluirlo en una prisión no equivale a intervenir la causa de su conducta, surge entonces una pregunta ¿cómo se certifica que un trastorno ha desaparecido?, ¿con qué criterios se decide que el riesgo ha sido neutralizado cuando lo que se ha hecho es, apenas, suspender temporalmente la manifestación del síntoma?

En el caso de los delitos sexuales, esta contradicción se vuelve aún más evidente. No existe, en el sistema penitenciario colombiano, una oferta clínica capaz de abordar de manera sostenida las patologías que subyacen a estas conductas. No hay programas reales de tratamiento, ni dispositivos terapéuticos continuos, ni seguimiento posterior. (Torres, 2003)

Del mismo modo en que un adicto puede abandonar el consumo sin que desaparezca la compulsión que lo sostiene, el delincuente puede cumplir una condena sin que se modifique el núcleo que originó su conducta, el sistema celebra la ausencia momentánea del acto, pero ignora la persistencia del impulso. Se desactiva el síntoma visible, mientras el centro compulsivo permanece intacto, y posteriormente viene el engranaje penal y la sociedad a señalar que la reincidencia se debe a la falta de voluntad, cuando el resultado era más previsible.

Muchos sustentarán que entonces debe prevenirse el delito, arrojándonos nuevamente a los sótanos del infierno donde para evitar el crimen se debe asumir que es posible identificar al delincuente antes de que exista el delito, recordemos que esta idea fue el núcleo del positivismo criminológico que, bajo el lenguaje de la ciencia, pretendió descubrir al delincuente en la morfología.

Abandonemos la creencia que la prevención se aplica al individuo, es la sociedad en sí misma la que debe convertirse en un espacio de formación, por medio de la consolidación de estructuras básicas como la familia, la educación, la cultura, el deporte, el arte, la disminución de la desigualdad, el trato igualitario, entre otros.

Comprender que cuando el sujeto privado de su libertad retorna a la sociedad viene tatuado muchas veces por una experiencia que refuerza el odio y por ende será reincidente.

EPÍLOGO

Y si en lugar de levantar la cruz, la hubiesen bajado.
Y si el madero no hubiese sido el escenario del escarnio, sino el umbral del reconocimiento.
Si en lugar de exhibir al disidente desnudo y sangrante, se le hubiera escuchado.
Si el castigo no hubiera sido la respuesta, sino la pregunta.
Si en el Gólgota, por una vez en la historia, el poder hubiera elegido no matar.

Quizás el castigo no se habría hecho cultura.
Quizás no habríamos aprendido que el dolor ajeno redime el colectivo.
Quizás la justicia no se parecería tanto a la venganza.
Quizás Sócrates habría vivido para seguir preguntando.

Quizás no llamaríamos "orden" al miedo.

Pero no fue así.
Elegimos la cruz.
Elegimos el castigo público.
Elegimos el espectáculo de dolor, como pedagogía de poder.
Y cada vez que nos prometen sangre para mantener el control, seguimos clavando cuerpos para sostener un sistema que no le importan los motivos.

Sin embargo, escribir es resistir.

BIBLIOGRAFÍA

Codigo de Procedimiento Penal. (2019). *Ley 906 de 2004*. Legis.

Agamben, G. (1998). *Homo Sacer - El poder soberano y la nula vida*. Valencia: Pre-Textos.

Alzate, P. J. (2013). *Estado - Enemigo El Derecho Penal De La exclusión*. Bogotà: Ibañez.

Arendt, H. (1978/2002). *El espíritu del espíritu*. Barcelona: Paidos.

Arendt, H. (2003). *Eichmann en Jerusalén: Un estudio sobre la banalidad del mal*. Barcelona: Lumen.

Aristóteles. (2002). *Retórica*. Clásicos de Grecia y Roma Alianza Editorial.

Barreto, E. E. (2018). *Politica Criminal Mediatica*. Bogotà: Ibañez.

Beccaria, C. (2016). *De los Delitos y Las Penas.* (S. S. Ayerra, Trad.) Bogotá, Colombia: Ibañez.

Bibliolítica. (marzo de 2025). Obtenido de https://bibliolitica.blogspot.com/2025/03/los-discursos-de-hitler-oratoria.html

Biografías, M. (2025). Obtenido de https://mcnbiografias.com/app-bio/do/ferri-enrico

Center, D. P. (2025). Obtenido de https://deathpenaltyinfo.org/state-and-federal-info/state-by-state

Christie, N. (1992). *Los conflictos como pertenencia.* Buenos Aires: Editorial Ad Hoc.

Christie, N. (1998). *Los limites del dolor.* Ciudad de Mexico: Fondo de Cultura Economica.

Christie, N. (2013). *Letras libres*. Obtenido de https://letraslibres.com/revista-mexico/el-umbral-del-dolor/.

Constitución Política de Colombia, Título VIII. Capítulo VI, Artículo 250. (1991).

Corte Constitucional. (3 de Abril de 2002). *Sentencia C- 228 de 2002*. Obtenido de M.P Manuel Jose Cepeda, Eduardo Montealegre Lynett: https://www.corteconstitucional.gov.co/relatoria/2002/c-228-02

Criminal, C. A. (2012). *Informe final. Diagnóstico y propuesta de lineamientos de política criminal para el Estado colombiano*. Bogotá: Ministerio de Justicia y del Derecho.

Criminal, C. A. (2019). Consideraciones sobre la implementacion de la pena de prisión perpetua en Colombia.

Criminal, C. S. (2019). Examen de Proyecto de Acto Legislativo No 001 de 2019., (pág. 28).

CuriosMag. (11 de Octubre de 2024). Obtenido de

https://curiosmag.com/most-serial-killers-by-state/

DANE. (2017). *Encuensta de Convivencia y Seguridad Ciudadana 2016*. Obtenido de http://www.dane.gov.co/files/investigaciones/poblacion/convivencia/2017/Presentacion_ECSC_2017.pdf

Durkheim, E. (1982). *La Division del Trabajo Social, Carlos G. Posada.* Madrid: Akal Editor.

El colombiano . (28 de Enero de 2025). Obtenido de https://www.elcolombiano.com/colombia/epa-colombia-condena-5-anos-confirmada-historia-judicial-de-daneidy-barrera-rojas-DG26462265

El Cronista.co. (7 de Junio de 2025). Obtenido de https://elcronista.co/politica/controversia-por-aplausos-a-precandidato-que-prometio-balin-para-encapuchados

Encinoza, A. R. (2025). *De La Crimonología Al Derecho Penal.* Bogotá: enero.

española, D. d. (s.f.). *https://dle.rae.es/elipsis.*

Española, R. A. (2001). *Diccionario de la lengua española (22.ª ed.).* Obtenido de https://www.rae.es/drae2001/oratoria

Española, R. A. (2025). Obtenido de https://dpej.rae.es/lema/car%C3%A1cter-de-ultima-ratio-del-derecho-penal

Ferrajoli, L. (1995). *Derecho y Razón.* Valencia: Trotta.

Ferrajoli, L. (2007). *El Derecho Penal del Enemigo y la Disolución del Derecho Penal.* IUS. Revista del Instituto de Ciencias Juridicas de Puebla A.C.

Garland, D. (1999). *Castigo y Sociedad Moderna, un estudio de teoría social .* Mexico: Siglo XXI Editores.

Garrido, V. (2003). *Psicópatas y Otros Delincuentes Violentos.* Valencia: Tirand.

Genesis. (1972). *La Biblia Latinoamericana .* San Pablo.

Gual, J. A. (2024). *El Derecho Penal y La Psicología.* Bogotá: Leyer Editores.

Historia, G. (2025). Obtenido de https://gmhistoria.com/como-castigaban-los-romanos-a-los-delincuentes/

Hobbes, T. (2018). *Leviatán.* Barcelona: Deusto.

Ilison Dias, E. Z. (2019). La nueva critica criminologica. Criminologia en tiempos de totalitarismo financiero. Bogotá: Ibañez.

Jakobs, G. (2003). *Derecho penal del enemigo.* Civitas trad. M. Quintero Olivare.

Jaramillo, S. B. (20 de Junio de 2025). *@santiagoboterojaramillo.* Obtenido de Instagram. https://www.instagram.com/reel/DLItCPeRe62/?

Jiménez, L. (1982). *Psicoanalisis Criminal Sexta Edición*. Buenos Aires: Ediciones Depalma.

Juan, C. d. (s.f.). *Definición de sesgo en psicología*. Obtenido de https://colegiodepsicologossj.com.ar/definicion-de-sesgo-en-psicologia/.

La Nación. (16 de Abril de 2025). Obtenido de https://www.lanacion.com.co/emilio-tapia-quedo-oficialmente-en-libertad-condicional/

Letner, G. (2006). *Lineamientos para una Politica Criminal del siglo XXI*. Buenos Aires: Unidos por la Justicia Asociación Civil.

Lifeder. (15 de Diciembre de 2022). *Lifeder*. Obtenido de https://www.lifeder.com/raffaele-garofalo/

Lombroso, C. (1902). *El delito: Sus causas y remedios.* (B. Quirós, Trad.) Madrid: Victoriano Suárez.

Lopez, E. M. (2023). *Cuatro Gigantes del Alma.* Bogotá: Ibañez.

Maduro, B. E. (2025). Autoridad y Justicia. Bogotá: Leyer.

Marchiori, H. (2003). *Criminología: La Victima del Delito.* Toluca: Porrúa.

National Geographic. (5 de Julio de 2023). Obtenido de https://historia.nationalgeographic.com.es/a/juicio-a-socrates_19795

National Geographic. (31 de Julio de 2023). Obtenido de https://historia.nationalgeographic.com.es/a/biblia-cazadores-brujas-malleus-maleficarum_17820

Nietzsche, F. (2012). *Más allá del bien y del mal.* Bogotá: Editorial Skala.

Nietzsche, F. (2017). *La genealogía de la moral (trad. de Andrés Sánchez Pascual).* Alianza Editorial.

Numeros. (1972). *La Biblia Latinoamericana.* San Pablo.

País, E. (25 de Octubre de 2024). Obtenido de https://elpais.com/america-colombia/2024-10-26/una-serie-de-asesinatos-de-ninos-reabre-el-debate-sobre-la-cadena-perpetua-en-colombia.html

Peru, M. d. (2012). *Politica Criminal y Reforma Penitenciaria En el Marco de un Gobierno Democratico e Inclusivo.* Lima.

Primitivo, E. C. (s.f.). Obtenido de https://www.elcristianismoprimitivo.com/doct59.htm

Ramírez, E. C. (19 de noviembre de 2024). *National Geographic Historia.* Obtenido de https://historia.nationalgeographic.com.es/a/gladiadores-roma_22608

Ripollés, J. L. (2012). *Un diagnóstico y algunos remedios de la política criminal española.* Revista de Estudios de la Justicia, REJ, N° 16.

Romanos. (1972). *La Biblia Latinoamericana (106 reimpresion).* San Pablo.

Romero, M. (7 de agosto de 2021). *Pagina 7.* Obtenido de https://www.pagina7.cl/sociedad/la-carcel-noruega-de-bastoy-asi-viven-los-reclusos-en-la-prision-mas-lujosa-del-mundo/

Rubio, N. M. (2 de febrero de 2022). *Sesgo de disponibilidad: qué es y cómo nos afecta. Portal Psicología y Mente.* Obtenido de https://psicologiaymente.com/psicologia/sesgo-disponibilidad

Serna, J. M. (s.f.). *JuanMoisésDeLaSerna.es.* Obtenido de

https://juanmoisesdelaserna.es/psicologia-militar/guerra-psicologica/modulo-1-leccion-2-psicologia-del-control-mental-y-la-persuasion/?utm_source=

Steven Messner, E. B. (2004). *American Sociological Review*. Obtenido de http://pewresearch.org/

Tilly, C. (2003). *La política de la violencia colectiva.* Cambridge University Press.

Torres, M. (2003). *Compulsión y Crimen .* Bogota: Legis.

U.S. Department of Health & Human Services, A. f. (2023). *Child Maltreatment*. Obtenido de https://www.acf.hhs.gov/cb/report/child-maltreatment-2022

UN News. (29 de ABRIL de 2015). Obtenido de https://news.un.org/es/story/2015/04/1328031

Vanguardia. (19 de Diciembre de 2024). Obtenido de https://www.vanguardia.com/colombia/2024/12/19/emilio-tapia-fue-condenado-a-seis-anos-y-cuatro-meses-de-prision-por-el-escandalo-de-centros-poblados/

Zaffaroni, E. R. (2006). *El Enemigo En El Derecho Penal.* Ibañez.

SOBRE EL AUTOR

Mercedes Posada Camacho es abogada egresada de la Universidad del Magdalena, con especialización en Derecho Penal y Criminología de la Universidad Libre de Colombia, Conciliadora en Derecho certificada por Fenalco Bogotá, abogada litigante por más de diez años, con una práctica marcada por la defensa técnica rigurosa, la reflexión crítica sobre el poder punitivo y una profunda sensibilidad frente a las desigualdades estructurales que atraviesan el sistema penal.

Su trayectoria profesional se ha desarrollado en la intersección entre el Derecho, la criminología crítica y los derechos humanos, campos desde los cuales ha cuestionado las respuestas simplistas al conflicto social y la instrumentalización del castigo como forma de gobierno.

Como escritora, ha participado en diversas antologías, donde su voz se distingue por una prosa reflexiva, firme y profundamente humana, capaz de transitar entre el lenguaje técnico y la narrativa ensayística sin renunciar a la precisión conceptual. Su escritura revela una preocupación constante por el miedo como dispositivo político, por la palabra como forma de poder y por la necesidad de un Derecho que no renuncie a su dimensión humana.

Made in the USA
Monee, IL
12 November 2026

107c3eca-df1b-458a-9606-c46a3bc577beR01